Standard contre standards

Réflexions sur une catégorie juridique en droit public

Logiques Juridiques
Fondée par Gérard Marcou

Dirigée par Thomas Perroud

Le droit n'est pas seulement un savoir, il est d'abord un ensemble de rapports et pratiques que l'on rencontre dans presque toutes les formes de sociétés. C'est pourquoi il a toujours donné lieu à la fois à une littérature de juristes professionnels, produisant le savoir juridique, et à une littérature sur le droit, produite par des philosophes, des sociologues ou des économistes notamment.

Parce que le domaine du droit s'étend sans cesse et rend de plus en plus souvent nécessaire le recours au savoir juridique spécialisé, même dans des matières où il n'avait jadis qu'une importance secondaire, les ouvrages juridiques à caractère professionnel ou pédagogique dominent l'édition, et ils tendent à réduire la recherche en droit à sa seule dimension positive. À l'inverse de cette tendance, la collection « Logiques juridiques » des éditions L'Harmattan est ouverte à toutes les approches du droit. Tout en publiant aussi des ouvrages à vocation professionnelle ou pédagogique, elle se fixe avant tout pour but de contribuer à la publication et à la diffusion des recherches en droit, ainsi qu'au dialogue scientifique sur le droit. Comme son nom l'indique, elle se veut plurielle.

Dernières parutions

Christophe Delattre, *Le ministère public et la prévention des difficultés des entreprises*, 2025.
Alessio BELLI, *La citoyenneté sociale à la recherche d'un nouvel imaginaire normatif. L'héritage oublié*, 2025.
Ibrahima DIOR, *Le forum non conveniens et les injonctions anti-suit dans les arbitrages d'investissement des États africains*, 2025.
Laetitia DESMONS, *L'autonomie de l'ordre juridique de l'Union européenne sur la Cour de justice. Contribution à l'étude des fondements de la construction européenne*, 2025.

Sous la direction de
Gabrielle Beguin, Nina Lasbleiz
et Jérôme Prévost-Gella

Standard contre standards

Réflexions sur une catégorie juridique
en droit public

L'Harmattan

5-7, rue de l'École-Polytechnique - 75005 Paris

www.editions-harmattan.fr

ISBN : 978-2-336-54968-2
EAN : 9782336549682

SOMMAIRE

Deuxième partie

« L'hétérogénéisation » des standards dans un ordre juridique complexe

Avant-propos

Catherine Prébissy-Schnall

Maître de conférences HDR en droit public

Cet ouvrage sur les standards et le juge est le fruit d'une journée d'étude organisée le 20 janvier 2023 par le Centre de recherches en droit public dans le cadre de l'atelier annuel de la jeune recherche. Cette journée a été clôturée par une synthèse du Professeur Delphine Costa de l'Université Aix-Marseille que je remercie chaleureusement.

Les doctorants entourés d'enseignants-chercheurs membres du Centre ont ainsi eu l'opportunité de découvrir ou relire les travaux de Stéphane Rials sur la technique du standard. Si la définition proposée est celle d'une technique juridictionnelle définie comme l'usage de notions indéterminées servant d'étalon de normalité, de rationalité ou de moralité, la notion de standard reste particulièrement difficile à expliquer. Il s'agit d'un élément de méthode, souple et fonctionnel, qui accorde au juge un plus grand pouvoir d'appréciation « pour distinguer le normal du pathologique » ; un curseur qui se déplace en fonction des circonstances de temps et de lieux et qui va permettre de trancher si dans les faits le comportement correspond à celui d'une « personne raisonnable », agissant de « bonne foi », dans un « délai raisonnable ». La pertinence du standard pour comprendre la fonction juridictionnelle est ainsi tributaire des évolutions de cette fonction, ainsi que des évolutions du droit mobilisé afin de résoudre les litiges.

Le recours à la justice prédictive algorithmique aurait pu sans doute conduire à une analyse utile de l'utilisation des différents standards par le juge à travers sa jurisprudence. Je remercie cependant les jeunes chercheurs du Centre de ne pas avoir eu recours à la technique numérique pour penser les nouveaux domaines et les nouvelles sources de standards.

INTRODUCTION

Gabrielle Beguin, Nina Lasbleiz, Jérôme Prévost-Gella
Membres du CRDP, Université Paris-Nanterre

La Genèse

Le vendredi 20 janvier 2023 se déroulait à l'Université de Paris Nanterre la journée annuelle de la jeune recherche du Centre de Recherche en Droit Public (CRDP). Arrêté collectivement par les doctorants du centre quelques mois plus tôt, le thème de la manifestation portait sur « Les standards et le juge – Actualités en droit public ». Il traduisait déjà l'existence d'un doute. Y avait-il dans ce thème un véritable sujet de recherche, susceptible d'apporter quelque chose de plus à la connaissance juridique, ou s'agissait-il, plus modestement, d'une lecture actualisée d'un phénomène juridique bien connu ? L'interrogation est née dès les premiers échanges avec les doctorants et elle s'est révélée dans toute sa force à travers des constats, des positions et des impressions, sources d'échanges nourris.

Premièrement, le temps des constats. D'abord celui partagé assez unanimement, de l'attrait évident exercé par le concept de standard pour deux raisons au moins. D'une part, très pragmatiquement, en raison de sa généralité, il permet de réunir des chercheurs aux axes de recherche variés derrière un même thème. D'autre part, sur le fond cette fois, en touchant de très près aux manifestations des pouvoirs du juge, les standards peuvent apparaître comme un secret bien gardé accessible aux seuls initiés, suscitant ainsi évidemment un grand intérêt. Toutefois un second constat venait immédiatement tempérer le premier. Le secret autrefois bien gardé l'était beaucoup moins depuis la thèse de Stéphane Rials consacré au sujet, aujourd'hui devenue un classique de la littérature sur le droit administratif[1]. Plus généralement les années 1970-1980 ont apporté un nombre important de travaux significatifs participant à la compréhension du pouvoir du juge en général, notamment ceux de Michel Troper, et du juge administratif en particulier, dont la thèse de Stéphane Rials fait assurément partie[2]. Aussi fallait-il se demander si une recherche spécifiquement menée sur les standards en droit administratif pouvait aujourd'hui encore apporter des enseignements suffisants pour justifier une journée de recherche.

Sans surprise, dans un deuxième temps, les échanges ont abouti à deux positions antagoniques. Une première consistant à insister sur les évolutions considérables du droit depuis l'emblématique thèse pour justifier la nécessité d'un nouvel effort de recherche sur les standards. Une seconde, consistant à affirmer que si évolutions il y a bien eues, elles ne permettent aucunement d'aboutir à des conclusions nouvelles sur les standards, et, qu'en conséquence, mener des recherches supplémentaires serait essentiellement stérile. Certes, les standards, qu'ils soient entendus comme une technique du droit positif, à la suite de Stéphane Rials, ou plutôt comme un outil d'analyse de ce droit positif, semblent bénéficier d'une assise théorique

---

[1]S. Rials, *Le juge administratif français et la technique du standard, Essai sur le traitement juridictionnel de l'idée de normalité*, LGDJ, 1980.

[2] Stéphane Rials inscrit ainsi justement sa thèse dans la continuité d'autres travaux comme ceux d'Yves Gaudemet et de Danièle Lochak (cf. S. Rials, Ibid.).

autonome et solide qui devrait les préserver des évolutions contingentes du droit. En d'autres termes, bien que les standards puissent être plus ou moins employés dans le droit positif, en fonction des époques et des matières, ils renverraient toujours à un même phénomène. Toutefois, les plus de quarante années qui nous séparent aujourd'hui de la thèse de Stéphane Rials ont vu naître des changements qui s'apparentent à des révolutions plus qu'à des évolutions juridiques, ce qui invite à la prudence. Ainsi en est-il probablement de la place acquise par le droit international public et le droit de l'Union européenne dans l'ordre juridique interne et du rôle grandissant concomitamment pris par la Cour de justice de l'Union européenne (CJUE) et la Cour européenne des droits de l'homme (Cour EDH) dans le déroulé du procès administratif. Dans le même sens, faut-il aussi mentionner le rôle nouveau du Conseil constitutionnel avec la création de la question prioritaire de constitutionnalité. Enfin, et sans être exhaustif, l'avènement de procédures contentieuses nouvelles avec les référés, l'évolution des méthodes de rédaction du juge administratif, la reconnaissance toujours plus importante du droit souple ou le recours généralisé à la codification sont autant d'éléments qui renforcent le doute. Les constructions théoriques les plus solidement établies comme la structure hiérarchisée des sources du droit, la souveraineté ou encore la séparation des pouvoirs ont été ébranlées par ces changements. Pourrait-il en être autrement pour les standards ? À défaut d'apporter des réponses définitives et convaincantes immédiatement à ces questions, chacun des protagonistes de la journée d'étude dut se résoudre à admettre que seul un travail de recherche plus conséquent permettrait éventuellement de s'accorder, ce qui permit d'entériner les standards comme thème de recherche.

Toutefois, dans un troisième temps, après les constats et les positions de principe, ce sont des impressions, divergentes bien sûr, qui occupèrent les esprits. Les contributions unies autour du standard comme seul dénominateur commun allaient-elles réellement traiter de la même chose ? Alors que certains pressentaient l'unité, d'autres devinaient la diversité. Se posait ainsi la question de savoir s'il y avait réellement une unité conceptuelle suffisamment forte derrière la notion de standard pour dégager des enseignements communs à chaque contribution. Dans le cas contraire, la diversité sans cohérence allait prévaloir. Là encore, seul le travail de recherche devait permettre de trancher.

De la réponse collective apportée à cette dernière question, une fois la journée de la jeune recherche achevée, va finalement naître le projet du présent ouvrage. C'est en effet le sentiment de la diversité qui va dominer. Nonobstant une même définition du standard, chaque contributeur rendait compte de phénomènes juridiques différents et apportait des analyses certes riches d'enseignement, mais difficilement comparables les unes avec les autres. Les travaux se sont ainsi succédé d'une manière telle que le point de départ de chacun aurait pu être différent, en dépit de la volonté initiale au cœur du projet. Ce sentiment commun a été le terreau de l'idée selon laquelle, derrière un concept unique de standard, se cache peut-être une pluralité de notions de standard qui, bien que partageant un fond commun, brillent davantage par leurs différences. L'objet du présent ouvrage, au prix d'une reprise des travaux initiaux et moyennant quelques contributions supplémentaires, est de rendre compte de cette diversité. Ainsi conçue, l'ambition est humble, mais réelle. La notion de standard est employée dans les discours sur le droit, de manière récurrente, avec la force de l'évidence et l'impression trompeuse que son seul emploi suffit à évoquer et à justifier les traits caractéristiques qui lui sont prêtés. Les contributions présentées dans l'ouvrage invitent à en douter, au contraire.

L'ouvrage

L'ouvrage se propose ainsi d'étudier la catégorie juridique des standards en s'intéressant à la manière dont les objets qu'elle recouvre sont utilisés par les acteurs de la production du droit. À travers la mise en lumière de certaines évolutions de la pratique, l'étude révèle l'inadéquation de la définition classique du concept – entendu comme une technique de rédaction des textes juridiques qui consiste à employer des notions ou expressions imprécises, octroyant ainsi une certaine souplesse au juge qui en serait le principal interprète. Les trois parties qui articulent cette réflexion déconstruisent ces caractéristiques.

La première partie analyse le caractère équivoque du concept de « standard », qui ressort de l'examen de la jurisprudence de trois juridictions françaises : le Conseil d'État (Titre I), le Conseil constitutionnel (Titre II) et la Cour nationale du droit d'asile (Titre III). Si des formules floues, pouvant être qualifiées de standards, apparaissent régulièrement dans les décisions de ces juridictions, leur utilisation apparaît cependant hétérogène. Les contributions de cette première partie démontrent qu'on ne peut identifier une pratique juridique particulière – c'est-à-dire qui se différencierait de l'emploi ou de l'interprétation d'autres méthodes de formulation du droit – commune à l'ensemble de ces jurisprudences. L'idée selon laquelle le standard octroierait au juge une souplesse particulière dans l'interprétation du droit est, notamment, remise en cause.

Jérôme Prévost-Gella montre, dans le cadre de la jurisprudence du Conseil d'État, que l'utilisation de termes qui sont classiquement rattachés à la catégorie de standard remplit diverses fonctions et sert à différentes stratégies, remettant en question l'unité fonctionnelle ou stratégique qui justifie l'existence de cette catégorie en droit public. En outre, le concept masque, selon l'auteur, la souplesse d'interprétation dont bénéficie le juge, qui s'étend largement au-delà de l'utilisation de standards.

Gabrielle Beguin, pour sa part, examine comment le standard de la *précision suffisante* a été introduit par le juge constitutionnel pour remplir plusieurs fonctions. Ce standard permet de moduler le contrôle du juge et de mettre en œuvre différentes politiques jurisprudentielles. Son utilisation variée et adaptée aux spécificités du contrôle de constitutionnalité de la loi montre que le standard offre au Conseil constitutionnel une certaine souplesse, d'autant plus importante qu'il est le seul acteur à pouvoir véritablement se l'approprier.

En revanche, ce n'est pas le cas du standard des *exigences minimales de vie en société*, analysé par EllieMayFarha. Bien que créé par le Conseil constitutionnel, ce standard a été repris par le législateur. Les juges – tant constitutionnels que ceux de la Cour EDH – se sont dessaisis de cette question, considérant que le contenu de ce standard ne relevait pas de leur pouvoir d'appréciation. Dès lors, le standard des *exigences minimales de vie en société* fournit un appui juridique extensible au législateur pour créer de nouvelles restrictions aux libertés.

Enfin, Aurélien Camus met en lumière la manière dont la CNDA applique les standards utilisés en droit d'asile.

L'auteur révèle une tentative d'objectivation de ces notions par les différents acteurs, qui se traduit par la circulation des standards et du raisonnement suivi lors de leur application, mais aussi par la rationalisation des situations géopolitiques. Il souligne cependant que le juge a toujours un rôle actif dans leur application à la situation individuelle des personnes qui se présentent devant lui, qui ne peut être évaluée en fonction de la « normalité ».

Par ailleurs, en s'écartant d'une analyse strictement centrée sur le juge, on observe une hétérogénéisation de ces mêmes standards. En effet, à mesure qu'ils sont interprétés par une pluralité d'acteurs dans des contextes variés, les standards se diversifient et se fragmentent. La deuxième partie de l'ouvrage interroge l'origine de cette hétérogénéisation, qui peut découler à la fois de l'existence de standards concurrents (Titre I) et de la concurrence entre différents acteurs interprétant un même standard (Titre II).

EnvelFavennec illustre ce phénomène en comparant les standards du « prix abordable » et de la « modicité ». Il montre ainsi comment l'existence de deux standards d'origine différente, mais servant un même but, peut mener à des interprétations divergentes selon les institutions et la matière concernée. Cela conduit à révéler que derrière ces deux standards s'en cache en réalité une pluralité, correspondant à autant de définitions, d'appréciations et de fonctions attribuées par les acteurs institutionnels.

Plusieurs standards peuvent, en outre, entrer directement en conflit. C'est ce que révèle John-Christopher Rolland à partir de celui qui a opposé les standards de primauté de droit de l'Union européenne, d'un côté, et ceux de sécurité juridique et de confiance légitime, de l'autre, face à la question de la taxation des pourboires en France. Pour le résoudre, le juge administratif devait donc hiérarchiser, au moins ponctuellement, ces deux standards. À cette fin, il s'est implicitement appuyé sur un troisième standard, celui de l'équité.

L'hétérogénéisation des standards est particulièrement signifiante lorsque, à l'inverse, des acteurs concurrents interprètent un même standard. Nina Lasbleiz étudie comment les autorités de régulation jouent un rôle important dans l'interprétation et l'application des standards dans le domaine de la protection des données à caractère personnel. Le rôle d'interprète de ces autorités est néanmoins concurrencé par une pluralité d'acteurs institutionnels français et européens mobilisant les mêmes standards, et conduisant à la coexistence d'interprétations plurielles.

De la même manière, plusieurs acteurs sont amenés à utiliser le standard des *affaires courantes*. Gautier Mellot montre ainsi que d'un côté, le Conseil d'État l'utilise pour justifier les limites du pouvoir du Gouvernement ainsi que son propre pouvoir de contrôle. De l'autre, les acteurs non juridictionnels continuent à se référer à ce standard et semblent s'être accommodés de la création de ce contrôle. Les parlementaires ne s'y sont pas opposés et certains ont même tenté de justifier cette création prétorienne, tandis que le Gouvernement peut désormais anticiper le contrôle des affaires courantes. Ainsi, la multiplicité d'acteurs permet, dans ce cas, la co-construction de l'interprétation du standard, plutôt que la concurrence.

Enfin, la troisième partie de l'ouvrage se penche sur l'impact des technologies numériques (Titre I) et de la technique (Titre II) sur les standards juridiques. La technicisation du droit conduit à une « défiguration » des standards, c'est-à-dire à une altération profonde de leur nature. Les standards perdent leur caractère flexible et adaptatif, car les technologies imposent des critères stricts qui ne laissent plus de place à l'interprétation contextuelle.

Luis Lima de Oliveira étudie ainsi les défis et les opportunités que présente l'utilisation de l'intelligence artificielle (IA) dans l'interprétation des standards juridiques, en particulier ceux qui sont quantifiables. L'auteur montre que l'IA pourrait transformer un standard souple en une série de règles précises et codifiées, mettant ainsi en évidence les risques de réductionnisme et de perte de nuance de la règle de droit que cette automatisation pourrait engendrer.

Plus généralement, le développement croissant de normes techniques de plus en plus précises et codifiées soulève des interrogations quant à la pertinence et à l'existence même d'une catégorie juridique distincte. En effet, l'évolution vers une technicisation accrue du droit tend à diluer la souplesse et l'indétermination qui caractérisent traditionnellement les standards, remettant ainsi en question leur place dans l'architecture juridique contemporaine. Yanisse Benrahou aborde ainsi la question de la concurrence entre standards textuels et standards techniques et examine comment les standards techniques, souvent basés sur des critères précis et mesurables, tendent à supplanter les standards textuels plus souples.

En définitive, cet ouvrage offre une réflexion nouvelle sur la place et l'évolution des standards en droit public. En explorant l'enchainement des phénomènes – équivocité, hétérogénéité et transformation par la technique –, il met en lumière un processus aboutissant à une transformation profonde, voire à une « défiguration » des standards, qui passent d'énoncés flexibles et contextuels à des règles strictes et plus techniques. La figure du juge apparaît en outre concurrencée, tant de manière consentie que subie, par d'autres acteurs. Si les standards, loin d'être des outils neutres, sont au cœur des dynamiques normatives, il semble que le concept utilisé en droit public pour les décrire mérite d'être redéfini.

Première partie :
L'équivocité des standards dans le travail du juge

Titre 1 – L'exemple du Conseil d'État

Plaidoyer contre une standardisation des standards dans la jurisprudence du Conseil d'État

Jérôme Prévost-Gella

Maître de conférences en droit public

Tout à la fois sujets de réflexion théorique et technique de rédaction de la règle de droit, les standards ne cessent de susciter l'attention, année après année, des privatistes comme des publicistes, des internistes comme des internationalistes. Et pourtant, à l'instant où il rédige ces quelques lignes, et lorsqu'il réfléchit à la question des standards, l'auteur est saisi d'un doute. Le même doute qui l'assaille à l'idée de s'évoquer présentement, dans une contribution universitaire, en usant de la troisième personne du singulier. L'usage académique lui semble sauf, mais lui cause un malaise. Le fait est qu'académiquement la notion de standard semble bien balisée, bien maîtrisée et ne porte pas à controverse, à telle enseigne qu'il paraît même difficile d'aborder le sujet d'une manière renouvelée. Et pourtant, le sentiment contradictoire et lancinant qu'il est difficile d'appréhender un véritable sujet d'étude derrière la notion de standard reste présent. Il en est des standards comme d'autres notions dont les auteurs usent et abusent parfois sans les avoir réellement interrogées, guidés par la conviction de leur pertinence, elle-même renforcée par la tâche incommensurable qui consisterait à insinuer le doute dans chacun des mots mobilisés dans les discours du droit et dans les discours sur le droit.

Certains termes employés dans le langage juridique présentent certainement des caractéristiques sémantiques communes qui invitent à les regrouper dans une même catégorie, celle des standards. La thèse de Stéphane Rials, devenue aujourd'hui un classique du droit administratif, est le passage obligé de toutes réflexions menées sur les standards dans la jurisprudence administrative[1]. Les démonstrations faites et les conclusions auxquelles l'auteur a abouti irriguent de manière profonde, consciemment ou non, la plupart des travaux engagés depuis sur ce sujet[2]. Aussi, penser les standards dans la jurisprudence revient-il à penser, avec son auteur, une « technique de formulation de la règle de droit qui a pour effet une certaine indétermination de celle-ci »[3]. Formulé autrement par Gerard Cornu, le standard désigne « une norme souple fondée sur un critère indéterminé, critère directif (englobant et plastique, mais normatif) qu'il appartient au juge, en vertu du renvoi implicite de la loi, d'appliquer espèce par espèce, à la lumière de données extralégales ou même extrajuridiques (références coutumières, besoins sociaux, contexte économique et politique), occasion d'adapter la règle à la diversité des situations et à l'évolution de la société, en la pérennisant »[4]. Le « critère indéterminé » mentionné par Gérard Cornu au cœur de la formulation de la règle est ce

---

[1] S. Rials, *Le juge administratif français et la technique du standard, Essai sur le traitement juridictionnel de l'idée de normalité*, LGDJ, 1980.

[2] Précisons qu'il n'est pas question dans la présente contribution de discuter de la thèse de Stéphane Rials, ni même de sa conception des standards. L'auteur de la présente contribution s'étant déjà attelé à une telle étude (cf. J. Prévost-Gella, Penser l'office du juge à travers les standards – Réflexions sur un classique de la littérature du droit administratif, *RDP*, mars 2025, n° 1, p. 17).

[3] Ibid. p. 120.

[4] G. Cornu, *Vocabulaire juridique*, PUF, 2007, p. 885.

qui constitue le standard dans sa spécificité. Il s'agit plus précisément de mots volontairement flous et permettant une appréciation « de comportements et de situations en termes de normalité »[1], des mots comme « raisonnable », « utile », « manifeste » ou « suffisant ».

Bien qu'il puisse être difficile de qualifier avec une parfaite certitude certaines normes de standard, il n'en reste pas moins que la définition ainsi retenue permet d'en englober beaucoup d'autres sans que cela ne pose *a priori* de difficulté. Est-ce à dire pour autant que la catégorie des standards, entendue sans autre élément discriminant, rend compte d'un phénomène juridique particulier et digne d'intérêt en lui-même ? L'intérêt d'une notion juridique, comme la notion de service public ou celle de contrat, réside essentiellement dans la mise en œuvre d'un régime juridique qui lui est propre. L'utilité de la notion est donc intimement liée à sa fonction. L'intérêt d'une méta-notion juridique, comme celle de standard, est de rendre compte d'événements juridiques *a priori* différents, mais partageant, du point de vue de l'observateur, des traits communs à un point tel qu'il apparaît pertinent de les analyser dans le cadre d'une approche commune. De ce point de vue, l'utilité juridique de ranger des termes distincts dans la même catégorie des standards ne saurait résider dans le seul constat de leur similarité linguistique. Pour que la catégorie soit utile à la réflexion juridique de manière spécifique, faut-il encore que les termes qui la composent partagent des réalités juridiques communes. Elle doit correspondre à une technique déterminée entraînant des effets de droit identiques, c'est-à-dire partagés de la même manière par tous les standards, et singuliers, en ce sens qu'ils seraient propres à la technique du standard. Autrement dit, il convient de se demander si

---

[1] S. Rials, op. cit., p. 120.

les standards partagent notamment des modalités semblables d'application du droit, ou bien s'ils traduisent des orientations stratégiques comparables, adoptées par ceux-là même qui les ont créées ou qui les mettent en œuvre. C'est en effet à cette condition que l'utilité d'un concept général de standard pourra éventuellement être évaluée.

Une étude superficielle des termes généralement rangés dans la catégorie des standards peut laisser paraître une unité fonctionnelle suffisante pour justifier la valeur heuristique et proprement juridique d'un concept général de standard. En ce sens, les standards sont couramment entendus comme des mots ou expressions mobilisés dans la formulation des règles de droit de tout niveau qui, par leur nature plus ou moins indéterminée, permettent une certaine souplesse dans l'application de la règle. Suivant une approche un peu schématique, les standards peuvent être d'abord envisagés comme une ressource mobilisée par le juge dans le cadre du développement de sa politique jurisprudentielle. Ils seront analysés ensuite et conséquemment comme une contrainte, imposée à destination des acteurs juridiques, les administrations notamment. Une telle approche échoue à convaincre pleinement, d'abord parce qu'elle reflète une conception de l'application du droit centrée sur le seul contentieux et sur la seule figure du juge, ensuite parce qu'elle essentialise la fonction des standards dans l'action de juger. Or l'intuition peut rapidement conduire à postuler que les termes regroupés sous la catégorie des standards ne sont pas nécessairement mobilisés par le juge de la même manière et pour les mêmes raisons et qu'ils ne produisent donc pas les mêmes effets. Certes cela doit être démontré, il n'en reste pas moins qu'il s'agit d'un postulat plus raisonnable que celui consistant à avancer, au contraire, le caractère homogène de la catégorie des standards. Cette dernière est par nature ouverte, et donc sujette aux évolutions. De surcroît, les termes visés par la catégorie sont particulièrement nombreux et variés, et ils sont mobilisés dans des matières très différentes les unes des autres, ce qui les confronte à des logiques et des enjeux dissemblables. Aussi la prudence s'impose-t-elle en première intention.

Une analyse plus approfondie des standards, même à s'en tenir à la seule jurisprudence du Conseil d'État, laisse justement apparaître, derrière une rassurante homogénéité de façade, une réalité beaucoup plus composite. Le concept de standard entraîne pour cette raison une réduction du réel en ne permettant pas de rendre compte de la complexité et de la diversité des situations qu'il embrasse. Plus particulièrement, il dissimule en totalité ou en partie la diversité fonctionnelle des standards (I) et la capacité du juge à les instrumentaliser (II). Cette dissimulation est d'autant plus problématique qu'elle porte en elle une sous-évaluation très discutable de la place de la volonté dans l'application que le juge fait du droit (III).

I – La diversité fonctionnelle des standards

Réunir sous le même concept de standard certains mots du langage juridique comme « raisonnable », « suffisant », « manifeste », « normal », « exceptionnel », « lourde » ou encore « utile », sous-entend qu'ils partageraient des traits communs qui mériteraient d'être soulignés dans le cadre d'une analyse juridique. Stéphane Rials explique ainsi que l'intérêt d'envisager ces mots avec un concept commun repose sur une hypothèse, celle selon laquelle « *ces notions ne peuvent pas ne pas présenter quelques traits de fonctionnement communs* »[1]. Notamment, les standards

---

[1] S. Rials, thèse p. 3

auraient des effets comparables portant sur la compétence de l'autorité les mettant en application, en particulier le juge administratif. Ils lui offriraient plus de souplesse dans l'application du droit en lui permettant d'adapter la règle à la diversité des situations. Le concept de standard est ainsi porteur de postulats qui essentialisent et catégorisent certaines pratiques du droit positif. Si cette essentialisation est justifiée d'un certain point de vue, elle ne permet toutefois pas de rendre compte de la richesse du droit positif. Elle déforme même, dans des proportions parfois importantes, la réalité de ce droit. Autrement dit, il ne s'agit pas de nier l'hypothèse de Stéphane Rials selon laquelle les termes que l'on englobe sous la catégorie des standards présentent des « *traits de fonctionnement communs* », mais seulement de s'interroger sur l'importance de ces traits en comparaison des divergences de fonctionnement qui les entourent. Dans sa généralité, le concept de standard masque beaucoup d'éléments juridiques essentiels et primordiaux pour la compréhension des différents sens et des différentes fonctions que peuvent remplir les termes indistinctement visés.

L'importance de l'auteur du standard est notamment largement mise de côté. Une distinction est fréquemment opérée entre les standards d'origine législative et les standards d'origine jurisprudentielle, elle est toutefois largement insuffisante. La concurrence entre les juges judiciaires, administratifs, constitutionnels et européens invite par exemple à douter de l'unité des seuls standards jurisprudentiels. En outre, le concept de standard ne rend pas compte de la signification profonde des termes concernés et de la raison pour laquelle ils ont été conçus. Sans être exhaustif et un peu schématiquement, ils sont ainsi parfois pensés comme un maximum à atteindre, parfois encore, au contraire, comme un minimum en dessous duquel il ne faudrait pas descendre, voire comme une moyenne acceptable. Cette richesse des standards les rend difficilement assimilables par un concept unique. Enfin, le concept de standard tait la matière juridique dans laquelle les termes envisagés s'inscrivent. Or, toujours sans soucis d'exhaustivité, les standards apparaissent dans des domaines aussi variés que la procédure administrative, le droit de la responsabilité, le droit des contrats, le droit de la police administrative ou le droit des services publics. Ils peuvent par ailleurs, et de surcroît, être attachés aussi bien à la qualification de comportements, des administrés comme de l'administration, qu'à la qualification d'actes, de clauses contractuelles ou encore de délais. Ces différentes matières et ces différentes situations constituent certainement autant d'environnements singuliers, faits de contraintes et de ressources qui leur sont propres, et dans lesquelles, par conséquent, les standards n'existent pas de la même façon.

La justification et la vérification des propos ainsi tenus de façon abstraite sont à rechercher dans la jurisprudence administrative. Il n'est pas nécessaire de travailler longuement pour trouver que certains des arrêts les plus remarqués de ces dernières années offrent des exemples très convaincants. L'arrêt *Czabaj*en fait partie[1]. Pour rappel, le Conseil d'État a consacré à cette occasion une interprétation très constructive de l'article R. 421-5 du code de justice administrative[2], en vertu de laquelle, en l'absence de notification régulière des voies et délais de recours, le justiciable dispose d'un délai raisonnable[3] pour

[1] CE, Ass., 13 juillet 2016, *Czabaj*, n° 387763, Lebon p. 340.

[2] Interprétation remarquablement contestée depuis par la Cour de cassation (Ass. plén., 8 mars 2024, n° 21-12.560).

[3] L'article R421-5 ne mentionne aucun délai raisonnable d'action en cas de défaut de notification régulière. Il dispose simplement que « les délais de recours contre une décision administrative ne sont

agir à l'encontre d'un acte administratif individuel. Le « délai raisonnable » est un standard qui laisse penser que le juge dispose d'une grande marge d'appréciation afin de déterminer, au cas par cas et en fonction des situations qu'il rencontre, si l'action d'un requérant, à l'encontre d'un acte individuel dépourvu des notifications précitées, est recevable ou non. Toutefois cette jurisprudence est nettement plus subtile puisque le juge considère que ce délai raisonnable, en général, ne saurait excéder un an. Ainsi figé, à défaut d'une quelconque marge d'appréciation, il n'apparaît plus comme un standard. Mais l'analyse ne s'arrête pas là, la jurisprudence étant encore plus subtile. Deux hypothèses permettent en effet de s'écarter du délai d'un an permettant ainsi de redonner un peu de souplesse à la notion de « délai raisonnable ». D'abord, le juge peut faire varier le délai de manière significative en considération de la spécificité du contentieux en cause.Il est par exemple fixé à trois ans s'agissant spécifiquement de la contestation des décrets de libération des liens d'allégeance[1]. Ensuite, le juge s'octroie la possibilité de le moduler, au cas par cas, mais seulement en considération des circonstances particulières dont se prévaudrait éventuellement un requérant[2]. En regagnant ainsi un peu de sa flexibilité, le standard retrouve paradoxalement un peu de sa consistance. Néanmoins, imbriqué dans trois réalités différentes – une première, de principe, où le délai est fixé à un an ; une

---

opposables qu'à la condition d'avoir été mentionnés, ainsi que les voies de recours, dans la notification de la décision ».

[1] CE, 29 novembre 2019, nº 411145, Lebon p. 399.

[2] Le Conseil d'État a pu considérer en ce sens que la contestation d'un décret de libération des liens d'allégeance était recevable après plus de quarante ans (CE, 2 février 2024, n° 484051, Lebon T). Sur cette question, plus généralement, cf. Alix Perrin, Le développement du délai raisonnable, *in Le temps en droit administratif*, Dalloz, coll. « Thèmes et commentaires », 2022, p. 73 et suiv.

deuxième, par exception, où le délai qui reste fixe est modifié en considération d'un contentieux particulier ; une troisième où le juge déroge au délai fixe pour tenir compte de circonstances particulières – le délai raisonnable ne semble pas se laisser appréhender par une seule et même notion de standard.

« L'effet utile » dans la pratique contentieuse des annulations donne un autre exemple de la diversité des standards dans la jurisprudence récente. Depuis l'arrêt *Association des « américains accidentels »*[1], le juge, en considération de la préservation de l'effet utile des recours, apprécie parfois la légalité d'une décision non pas à la date de son édiction, comme l'exige le principe en la matière[2], mais à celle du litige. Toujours en s'appuyant sur l'effet utile des recours, le juge administratif s'est octroyé le pouvoir de prononcer, à titre subsidiaire, l'abrogation d'un acte administratif devenu illégal, à défaut de pouvoir l'annuler[3]. Entendu en ce sens, l'effet utile est aujourd'hui mobilisé régulièrement tant par le Conseil d'État[4] que par les juridictions de première instance et d'appel[5]. La doctrine est amenée à rendre compte de la mobilisation par le juge de l'effet utile et il est à noter qu'elle ne semble pas

[1] CE, Ass., 19 juillet 2019, *Association des « américains accidentels »*, n° 424216, Lebon p. 296.

[2] CE Sect., 22 juill. 1949, *Société des Automobiles Berliet*, n° 85735 et 86680, Lebon p. 368.

[3] CE, 28 février 2020, *M. Stassen*, n° 433886, Lebon p. 63 ; Sect., 19 novembre 2021, *Association des avocats ELENA France*, n° 437141, Lebon p. 331.

[4] Quelques exemples parmi d'autres : CE, 2 mars 2020, n° 422651, Lebon T. ; 14 décembre 2023, *Fédération de l'hospitalisation privée – Psychiatrie*, n° 468139 ; 16 février 2024, *Jean Ocana*, n° 470577 ; 18 avril 2024, n° 473926.

[5] Les exemples sont très nombreux, parmi d'autres : CAA Bordeaux, 9 avril 2024, n° 22BX00613 ; Paris, 25 avril 2024, n° 22PA04404 ; Nantes, 14 mai 2024, n° 22NT02575.

considérer le concept de standard comme un outil d'analyse pertinent, du moins ne ressent-elle pas le besoin de le mobiliser. Pour cause, si « l'effet utile » présente toutes les caractéristiques linguistiques d'un standard, son fonctionnement, en revanche, diffère complètement de ce qui est *a priori* attendu du concept. Ici l'utilité n'est qu'une coquille vide, elle n'est absolument pas un outil de modulation pour apprécier ce qui relèverait d'un effet plus ou moins utile. Il s'agit plus simplement d'une rhétorique visant à justifier et légitimer l'appréciation différée dans le temps de la légalité d'un acte administratif.

Ce qui appert des deux exemples mobilisés est l'existence d'au moins deux catégories distinctes de standards, une première dans laquelle les standards doivent être appréhendés comme des outils de modulation, permettant au juge de faire varier son appréciation, et une seconde dans laquelle ils doivent être compris comme des outils rhétoriques, visant seulement à justifier des solutions particulières[1]. Les deux fonctions ne doivent pas être considérées comme les deux faces d'une même pièce. Elles ne coexistent pas nécessairement pour chaque standard. Il apparaît en effet que si certains standards, comme « l'effet utile », relèvent d'une seule catégorie, la seconde en l'occurrence, d'autres, comme le délai raisonnable peuvent en fonction des circonstances relever soit de la seule seconde catégorie, soit des deux catégories en même temps. Lorsque le juge applique un délai fixe, d'un an par exemple, le qualifier de raisonnable ne sert qu'à justifier et légitimer sa durée, mais non à la moduler. Au contraire, lorsque le juge entend mettre en avant des circonstances particulières au cas d'espèce, c'est le

---

[1] Pour rendre compte de cette dichotomie, Céline Bloud-Rey évoque une « fonction technique » qu'elle oppose à une « fonction idéologique ». Cf. C. Bloud-Rey, Standard, *in* D. Alland et S. Rials (dir.), *Dictionnaire de la culture juridique*, PUF, 2003, p. 1440.

caractère délibérément flou du « délai raisonnable » qui lui permet de moduler sa durée dans des proportions spécifiquement adaptées à chaque affaire. Le délai raisonnable est alors autant un instrument de justification que de modulation.

Les termes que l'on catégorise comme des standards peuvent donc répondre à des situations diverses qui ne s'appréhendent comme un tout homogène qu'au prix d'une singulière généralisation et de la mise à l'écart de nombreuses considérations déterminantes, comme la fonction qui leur est assignée.

II – L'instrumentalisation des standards

Le sujet tel qu'il vient d'être abordé peut être considéré, sous un autre angle, de manière complémentaire. La diversité fonctionnelle des standards apporte un élément de doute objectif quant à la pertinence de les englober dans un même concept général. La volonté du juge apporte par ailleurs un élément de doute subjectif. Le droit est largement tributaire de la volonté de l'autorité qui l'applique. Or s'il est certain que le langage conditionne la pensée et donc, dans une certaine mesure, la volonté, il n'en reste pas moins que cette dernière ne saurait être significativement limitée par les attributs prêtés au seul concept de standard. En ce sens, les juges ont tout à fait la capacité d'employer un standard d'une manière telle que les attributs classiques qu'on lui attache, comme la souplesse et l'adaptabilité, en soient partiellement ou totalement neutralisés.

Ainsi, une formulation jurisprudentielle donnée peut évoluer afin d'y intégrer un standard, sans pour autant changer fondamentalement la pratique du juge et sans porter atteinte à l'étendue de ses possibilités d'actions concrètes. Reprenons d'abord l'exemple du délai raisonnable. Avant qu'il ne consacre cette notion, le juge employait celle équivalente d'un point de vue pratique de délai ou de retard non fautif[1]. Le standard du raisonnable vient ici remplacer la notion de faute. Certes, parfois, la notion de faute est entendue comme un standard, mais une assimilation générale de la première au second est réductrice. En effet, quelquefois, la reconnaissance d'une faute repose sur la mise en œuvre d'un standard comme en matière fiscale, où l'optimisation abusive repose sur le standard de l'abus. Mais d'autres fois, au contraire, la reconnaissance d'une faute repose sur un comportement nettement défini et détaché de tout standard, comme le refus de déclaration, encore en matière fiscale. Aussi, instrumentalisé par le juge, l'usage d'un standard ne traduit-il pas nécessairement des effets juridiques précis, particuliers et différents.

La standardisation mise en œuvre dans l'appréciation de la conventionnalité des lois avec la jurisprudence *Gonzalez Gomez*[2] et ses suites[3] témoigne de la même chose. En distinguant entre un contrôle abstrait et un contrôle concret de conventionnalité de la loi, le juge administratif s'est octroyé la possibilité de reconnaître qu'en considération de « certaines circonstances particulières, l'application de dispositions législatives puisse constituer une ingérence disproportionnée dans les

[1] Sur ce point cf. S. Rials, op. cit. p. 201.
[2] CE, Ass., 31 mai 2016, *Gonzalez Gomez*, n° 396848, Lebon p. 208.
[3] L'arrêt *Gonzalez Gomez* est le point de départ de nombreuses affaires similaires, concernant le transfert de gamètes ou d'embryons hors de France afin de procéder à des inséminations *post mortem* (Cf. CE, 13 juin 2018, nº 421333 ; 24 janvier 2020, nº 437328 ; 27 octobre 2022, nº 467726 et 467727). La CEDH a été amenée à se prononcer sur deux d'entre elles (CEDH 14 sept. 2023, *Baret et Caballero c/ France*, nº 22296/20 et 37138/20). Le raisonnement du Conseil d'État a aussi été utilisé dans un cas en dehors de ces hypothèses, mais toujours en matière de bioéthique et de transfert de gamètes (Cf. CE, 17 avril 2019, *Agence de la biomédecine*, nº 420468 et 420469).

droits garantis par [la Convention européenne de sauvegarde des droits de l'homme] ». Autrement dit, désormais, la conventionnalité d'une disposition législative n'est plus nécessairement tributaire d'un jugement binaire. Une disposition législative peut en effet être considérée, tout à la fois, comme compatible et incompatible à la convention. Cela est rendu possible notamment en raison du standard de proportionnalité qui permet de reconnaître, au cas par cas, d'éventuelles atteintes concrètes et excessives à ladite convention, sans pour autant remettre en cause de manière générale la conventionnalité de la disposition législative en question. De prime abord l'évolution semble conséquente et l'insertion du standard de proportionnalité dans le contrôle de conventionnalité en est la cause. Toutefois, à y regarder de plus près, le bouleversement n'est qu'un trompe-l'œil. Contrairement à la Cour de cassation qui a su développer le contrôle de proportionnalité[1], le Conseil d'État l'a consacré, pour aussitôt le corseter, jusqu'à l'empêcher d'exister[2]. Par ailleurs, le juge administratif n'a pas

[1] La Cour de cassation semble aujourd'hui maîtriser l'outil qu'est le contrôle *in concreto* et elle l'emploie dans des domaines variés. Son usage est suffisamment important pour justifier et permettre l'écriture d'une thèse à son sujet (cf. V. Fourment, *Le contrôle de proportionnalité à la Cour de cassation : l'office du juge à l'épreuve de la mise en balance et du contrôle de conventionnalité*, Dalloz, coll. « Nouvelle Bibliothèque de Thèses », 2024). Précisions cependant que la jurisprudence laisse planer des incertitudes « quant au domaine du contrôle *in concreto*, aucun critère ne parvenant à expliquer les multiples cas dans lesquels il est évincé » (cf. A. Gouëzel, G. Mégret, Dix ans de contrôle de proportionnalité *in concreto* à la Cour de cassation, *Recueil Dalloz*, 2024, p. 321).

[2] Depuis l'affaire de Mme Gonzalez Gomez, le contrôle concret n'a plus jamais été employé par le Conseil d'État afin d'écarter une loi dans le cadre de litiges similaires, c'est-à-dire concernant l'insémination de gamète *post mortem*. Plus encore, le Conseil d'État a systématiquement refusé d'envisager d'appliquer la logique d'un

attendu le standard de proportionnalité pour se jouer et se déjouer du contrôle de conventionnalité de la loi face à des affaires particulières et moyennant des argumentations variées[1].

Le constat ainsi posé pourrait être nuancé en arguant du fait que, dans les deux exemples précédents, le juge est seul à l'origine des standards, raison pour laquelle il en aurait une maîtrise si forte. Cette opposition s'effondre avec le troisième exemple qui démontre la capacité du juge d'annihiler les effets reconnus aux standards, même lorsqu'ils lui sont imposés de l'extérieur, afin de développer ou de protéger ses propres politiques jurisprudentielles. L'exemple est celui de la responsabilité de l'État à raison des décisions juridictionnelles manifestement contraires au droit de l'Union européenne. Si ce régime de responsabilité est formellement issu de l'arrêt *Gestas*du Conseil d'État[2], il est en revanche matériellement commandé par l'arrêt *Köbler*de la Cour de justice de l'Union européenne[3]. La reconnaissance de cette responsabilité par le juge administratif est liée à la mise en œuvre d'un standard puisqu'elle est conditionnée à l'existence d'une violation « manifeste » du droit de l'Union européenne. Si une décision de la juridiction administrative viole « manifestement » le droit de l'Union européenne, c'est-à-dire si la violation atteint un degré

---

contrôle concret à des litiges ne concernant pas ce type de problématique, même quand les questions soulevées semblaient le permettre (par exemple, CE, 28 décembre 2017, *Molénat*, n° 396571 : X. Dupré de Boulois, Contrôle de conventionnalité *in concreto* : à quoi joue le Conseil d'État ?,*RDLF*, 2018, chron. n° 04).

[1] Ainsi par exemple, CE, Ass., 3 juillet 1996, *Koné*, n° 169219, Lebon p. 255 ; CE, 27 octobre 2015, *Allenbach et autres*, n° 393026, Lebon p. 367.

[2] CE, 18 juin 2008, *Gestas*, n° 295831, Lebon p. 230.

[3] CJCE, 30 septembre 2003, *Gerhard Köbler c/ Autriche*, aff. C-224/01.

suffisant, elle emporte la responsabilité de l'État. Cela dit, en analysant rapidement la jurisprudence, un constat s'impose : depuis la consécration de ce régime de responsabilité, jamais sa mise en œuvre n'a entraîné la reconnaissance d'une violation manifeste, y compris dans des hypothèses parfois très discutables[1]. Aussi, le degré de violation suffisant pour être qualifié de manifeste semble-t-il devoir être hors de portée des requérants, à la manière d'un idéal vers lequel on ne peut que tendre, mais sans jamais devoir espérer l'atteindre. Beaucoup d'éléments expliquent certainement cette situation, mais là n'est pas le propos[2]. Pour ce qui nous intéresse ici, constatons simplement que le juge n'entend pas mettre en œuvre ce régime de responsabilité et qu'il instrumentalise pour ce faire le standard que lui impose la jurisprudence de la Cour de justice de l'Union européenne, de manière à le rendre inatteignable. Le fait est que le juge européen est probablement plus enclin à reconnaître le caractère « manifeste » d'une violation du droit de l'Union européenne par le juge français que ce dernier ne l'est lui-même[3].

Ce dernier exemple illustre clairement qu'un même standard peut être appréhendé différemment par les juges, soit comme une ressource soit comme une contrainte en fonction du point de vue adopté, en l'occurrence celui de sa réception ou celui de sa mise en œuvre. Plus

---

[1] Par ex., CE 9 octobre 2020, *Lactalis Ingrédients SNC,* n° 414423, Lebon p. 338 ; CE 1er avril 2022, *Société Kermadec*, n°443882. Même lorsque, par extraordinaire, une juridiction de première instance s'égare en reconnaissant une telle responsabilité, l'appel suffit à la faire disparaître (CAA Paris, 28 juin 2023, n° 21PA03337).

[2] Pour une tentative d'explication, cf. J. Prévost-Gella, La faute lourde au service de l'action stratégique du Conseil d'État dans l'application du droit de l'Union européenne, *AJDA*, 2022, p. 1641.

[3] Sur cette question, cf. A. Jacquemet-Gauché, Le Conseil d'État peut-il être juge et partie ?,*AJDA*, 2020, p. 2579.

généralement, ce qui ressort de l'ensemble des exemples qui ont été employés à ce stade de la réflexion est l'importance première de la liberté du juge. Sa volonté façonne chaque standard de façon originale, avec des ressemblances bien sûr, mais surtout avec des dissemblances. La difficulté centrale du concept de standard est ainsi révélée. Certes ledit concept ménage une place pour la volonté du juge, mais elle est insuffisante. La définition même du standard implique une marge de manœuvre pour le juge, mais elle limite ainsi consubstantiellement et implicitement la liberté du juge à cette seule marge de manœuvre, ce qui doit être discuté.

III – La volonté minorée par les standards

Il y a derrière l'entreprise de reconnaissance d'un concept général de standard le même risque inhérent à toutes les entreprises de théorisation du droit positif. Il s'agit d'accoler plus ou moins consciemment à la présentation descriptive de la structure du droit, ou de son contenu, une dimension axiomatique qui en contrarie la compréhension et qui nuit donc à son caractère opératoire. Le concept de standard véhicule une représentation des opérations d'application du droit discutable pour au moins deux raisons : elle repose, d'abord, sur l'importance excessive accordée aux standards dans la manifestation de la volonté du juge et, ensuite, sur une sous-évaluation de l'importance de la volonté dans les opérations d'application du droit.

Tout un chacun s'accorde à reconnaître que les standards, en raison de leur caractère flou et indéterminé, permettent au juge de faire valoir sa volonté, en tenant compte éventuellement d'éléments extrajuridiques, au moment d'appliquer le droit. Les standards peuvent ainsi être appréhendés comme des outils privilégiés de manifestation du pouvoir du juge. Plus fondamentalement, ils permettent une explication rationnelle à l'existence de ce pouvoir. Ce dernier ne serait pas inhérent à la fonction du juge, il serait plutôt la conséquence de la manière dont le droit est formulé, ce qui permet de le comprendre, de le prévoir et même de l'encadrer. Compris comme cela, les standards peuvent être rapprochés d'autres notions doctrinales qui offrent, elles aussi, des explications rationnelles de ce type, comme la catégorie des notions fonctionnelles[1], celle des fictions juridiques[2] ou encore celle, plus récente, des normes de concrétisation[3]. Il n'est d'ailleurs pas anodin que de telles notions se recoupent dans une large mesure, jusqu'à parfois se confondre. « L'intérêt général » peut par exemple être appréhendé, en fonction du point de vue adopté, comme un standard, comme une notion fonctionnelle, comme une fiction, voire comme l'élément central d'une norme de concrétisation[4]. Il convient donc de relativiser la particularité des standards, pour les envisager dans un ensemble plus large de démarches tendant à la compréhension et à l'explication d'un même phénomène, l'existence d'un pouvoir jurisprudentiel ou juridictionnel[5]. Toutes ces

---

[1] La distinction entre notion fonctionnelle et notion conceptuelle a été théorisée par Vedel dans deux articles restés célèbres : G. Vedel, De l'arrêt *Septfonds* à l'arrêt *Barinstein* (La légalité des actes administratifs devant les tribunaux judiciaires) », *JCP*, 1948, I, n° 682 ; La juridiction compétente pour prévenir, faire cesser ou réparer la voie de fait administrative, *JCP*, 1950, I, n° 851.

[2] Cf. D. Costa, *Les fictions juridiques en droit administratif*, LGDJ, coll. « Bibliothèque de droit public », 2000.

[3] Cf. M. Heitzmann-Patin, *Les normes de concrétisation dans la jurisprudence du Conseil constitutionnel*, LGDJ, coll. « Bibliothèque constitutionnelle et de science politique », 2020.

[4] Sur ce dernier point, cf. M. Heitzmann-Patin, op. cit., p. 284-285.

[5] Ici il ne s'agit pas de se prononcer sur la différence entre un pouvoir jurisprudentiel ou juridictionnel et sa pertinence. Sur ce sujet, cf. D. Linotte, Déclin du pouvoir jurisprudentiel et ascension du pouvoir

démarches présentent la caractéristique commune d'offrir une explication extérieure au juge afin d'expliquer et/ou de justifier son pouvoir subjectif dans toutes opérations d'application du droit. Elles partagent le même objectif d'expliquer l'irrationnel de manière rationnelle. La subjectivité du juge est relativisée, comme elle n'est plus la conséquence de la nature de ce dernier, mais de la manière dont la règle de droit est composée. Schématiquement, il suffirait de priver le droit d'une partie de ses standards, de ses fictions et de ses notions fonctionnelles pour constater une diminution corrélative de la part de subjectivité dans l'activité du juge. Inversement, leur augmentation conduirait à une augmentation proportionnelle de cette même part de subjectivité. De fortes raisons conduisent à douter d'une telle automaticité.

Sans remettre en cause la valeur explicative de ces outils intellectuels que sont notamment les standards, il est nécessaire de conserver à l'esprit le risque qu'ils portent en eux de passer sous silence l'irréductible irrationalité des opérations d'application du droit. La volonté, dans de telles opérations, s'immisce à tous les stades du raisonnement juridique et de toutes sortes de manières. Aussi, porter l'analyse spécifiquement sur ce qui permet de rationaliser les manifestations de cette volonté est-il peut-être une manière de dissimuler la nature profonde de ces opérations. S'intéresser aux standards juridiques comme un des lieux privilégiés de l'incertitude dans l'application des normes par le juge offre une réponse insatisfaisante à un paradoxe au cœur de la manière dont,

---

juridictionnel en droit administratif, *AJDA*, 1980, p. 632 ; S. Rials, Sur une distinction contestable et un trop réel déclin. À propos d'un récent article sur le pouvoir normatif du juge, *AJDA*, 1981, p. 115 ; D. Linotte et S. Rials, Conclusion d'une controverse, *AJDA*, 1981, p. 202.

en général, la mise en œuvre du droit est appréhendée aujourd'hui. Le paradoxe est le suivant : d'un côté, les juristes en général et les membres de la doctrine en particulier reconnaissent, sans trop de difficulté, que l'application du droit n'est pas une opération neutre de connaissance et, qu'à ce titre, le juge dispose d'un pouvoir bien réel, distinct et autonome des pouvoirs législatif et réglementaire ; d'un autre côté, l'idée selon laquelle l'application du droit répond à une rationalité propre à la matière juridique, échappant à la volonté du juge, continue d'habiter notre imaginaire collectif de manière très prégnante[1]. Schématiquement, cohabitent en général dans l'esprit du juriste deux représentations antagonistes, celle d'un juge « bouche de la loi », héritée de Montesquieu, et celle du gouvernement des juges, héritée d'Édouard Lambert[2]. Tiraillé entre deux figures du juge, celle de l'automate et celle du marionnettiste, et refusant de faire le deuil de l'une au profit de l'autre, il est tentant d'expliquer la mise en œuvre du droit en justifiant la part de rationnelle, qui échappe à la volonté du juge, et en dévoilant la part d'irrationnelle, par laquelle cette volonté ressurgit. Le standard apparaît alors comme un artefact d'essence linguistique qui explique la résurgence de la volonté du juge dans une opération d'application du droit perçue comme naturellement rationnelle[3].

---

[1] Stéphane Rials aborde d'ailleurs cette tension classique entre deux conceptions du travail du juge et son importance dans l'appréhension du concept de standard dans sa thèse (op. cit. p. 196).

[2] Édouard Lambert, *Le gouvernement des juges et la lutte contre la législation sociale aux États-Unis. L'expérience américaine du contrôle judiciaire de la constitutionnalité des lois*, éditions Marcel Giard, 1921.

[3] Céline Bloud-Rey explique ainsi que pendant longtemps la définition du standard a posé difficulté précisément en ce qu'il « réveille les vieux démons : la crainte du pouvoir discrétionnaire du juge et celle du renforcement de son rôle » (C. Bloud-Rey, op. cit.).

La difficulté d'une telle approche vient du fait que tout en offrant une explication raisonnable à la place de la volonté dans l'action du juge, elle l'encadre conceptuellement, ce qui ne permet pas d'envisager pleinement ses potentialités réelles. La théorie selon laquelle il existerait des termes, les standards, derrière lesquels se cacherait plus particulièrement la part de pouvoir discrétionnaire du juge doit être abandonnée. Les manifestations de la volonté dans le travail du juge sont protéiformes et s'inscrivent à tous les stades du raisonnement juridique. Elles sont illimitées tant que le juge fait preuve d'imagination. Et comme les limites de l'imagination ne peuvent être que temporaires et relatives, il est vain de tenter de rendre compte de manière définitive des possibilités offertes par la volonté dans l'acte d'application du droit.

Les idées les plus surprenantes peuvent devenir réalité juridique, elles n'attendent que d'être saisies. Avec beaucoup de dérision, Kafka confrontait son alter ego romanesque à un choix absurde entre « l'acquittement apparent » ou « l'atermoiement illimité »[1]. La réalité a pourtant rattrapé la fiction et la deuxième option semble aujourd'hui trouver un écho certain au-delà du seul univers romanesque[2].

---

[1] Kafka, *Le procès*, Gallimard, Chapitre VII.

[2] V. Tellier-Cayrol, L'atermoiement illimité, ou du sursis à statuer pour altération définitive des capacités du prévenu, *Recueil Dalloz*, 2018, p. 2076.

Titre 2 – L'exemple du Conseil constitutionnel

La précision suffisante dans la jurisprudence du Conseil constitutionnel

Gabrielle Beguin

Doctorante en droit public

La précision suffisante des dispositions législatives est contrôlée par le Conseil constitutionnel depuis 1983 [1]et de plus en plus fréquemment à partir de 1998. Compte tenu de la manière dont elle est employée dans la jurisprudence, cette expression peut être qualifiée de « standard », c'est-à-dire de « technique de formulation de la règle de droit qui a pour effet une certaine indétermination de celle-ci »[2]. Ce standard est utilisé par le juge constitutionnel, principalement dans le cadre du contrôle *a priori*, pour examiner *la formulation* du texte soumis à son contrôle afin de s'assurer que ses dispositions seront compréhensibles par ses destinataires. Ce contrôle a donc, à première vue, un caractère abstrait dans la mesure où il ne porte pas sur des situations ou des comportements concrets, ni réalisés ni même potentiels, mais simplement sur le texte lui-même. Il porte, plus précisément, sur la possibilité pour ses destinataires d'identifier les situations qu'il recouvre. En cela, le contrôle de la précision suffisante semble tout particulièrement participer de la spécificité du contentieux constitutionnel qui consiste à opérer sur des dispositions législatives un contrôle abstrait et objectif, c'est-à-dire

---

[1] CC, 20 juillet 1983, n° 83-162 DC, *Loi relative à la démocratisation du secteur public*.

[2] S. Rials, *Le juge administratif français et la technique du standard, Essai sur le traitement juridictionnel de l'idée de normalité*, LGDJ, 1980, p. 120.

portant principalement sur des éléments de pur droit[1]. D'une part, le contrôle est dit « objectif »[2] lorsqu'il porte sur des normes. Il s'oppose au contrôle subjectif qui découle de la possibilité, pour un justiciable, de faire valoir ses droits dans le cadre de l'application concrète d'une règle de droit. D'autre part, le contrôle « abstrait » peut revêtir plusieurs définitions. On peut les identifier, *a contrario*, à partir des différents sens que la doctrine donne du contrôle « concret »[3]. Le contrôle peut être qualifié selon son origine, ses finalités et ses modalités[4]. Qualifié à partir de son origine, le contrôle concret correspond au contrôle incident, qui a lieu dans le cadre d'un litige découlant de l'application de la loi. À l'inverse, le contrôle abstrait correspond alors à un contrôle par voie d'action, qui ne s'intègre pas dans le cadre d'un litige lié à l'application de la loi. Qualifié selon ses finalités, le contrôle est dit « concret » lorsqu'il détermine l'issue d'un litige, tandis que le contrôle abstrait correspond à celui de la conformité d'une norme par rapport à une autre. Il se confond ainsi avec la notion de contrôle objectif. Enfin, lorsqu'il est qualifié en fonction de ses modalités, le contrôle concret correspond à l'intégration d'éléments factuels dans le raisonnement du juge – qui examine la constitutionnalité du texte en fonction de la situation –

---

[1] Ce contrôle « fait jouer le rapport de constitutionnalité de manière pure entre la norme subordonnée et la Constitution, et les seuls éléments qui ne sont pas de pur droit sont ceux touchant à la procédure d'adoption de la norme contestée. Ils relèvent rarement de situations subjectives » (G. Drago, *Contentieux constitutionnel*, 5e éd., PUF, coll. Thémis droit, 2020, p. 43).

[2]Le contentieux est objectif lorsqu'il porte principalement sur une question de droit objectif, c'est-à-dire sur la confrontation d'une « règle juridique » par rapport à une autre (L. Duguit, *Traité de droit constitutionnel*, t. 2, 2e éd., E. de Boccard éd., 1923, p. 357 et s.).

[3] D. Fallon, *Le contrôle concret de constitutionnalité des lois par le Conseil constitutionnel*, Revue belge de droit constitutionnel, 2017.

[4] *Ibid.*

alors que le contrôle abstrait est celui de la constitutionnalité de la loi en elle-même, sans prise en compte de données factuelles. Pour notre propos, nous ne retiendrons que les deux dernières définitions. Le contrôle abstrait est donc celui qui est opéré de norme à norme et sans que le juge prenne en compte des données factuelles dans l'exercice de son contrôle. Le contrôle de la précision suffisante semble assez éloigné des circonstances de faits qui pourront être régies par le texte contrôlé et s'inscrire ainsi dans le cadre d'un contrôle abstrait.

Or, tel qu'il a été théorisé par S. Rials – à partir de la jurisprudence administrative –, « le standard vise à permettre la mesure de comportements et de situations en termes de normalité »[1]. L'indétermination d'une règle formulée avec un standard permet de se référer à des considérations « exogènes », c'est-à-dire extérieures au seul dispositif juridique, pour appliquer la règle de droit[2]. En outre, le standard est fondamentalement « une notion où le fait prédomine sur le droit »[3]. Il s'agit, en effet, de « normes d'appréciation de conduite sociale correcte dans une situation, à un moment et en un lieu donnés »[4] qui mènent le juge à prendre en compte des éléments divers tels que des « normes simplement techniques » ou « des informations sociologiques »[5]. L'application d'un standard entraîne alors une ouverture du droit sur le fait parce qu'il donne une justification textuelle à la prise en compte d'éléments factuels – et donc d'une rationalité autre que

---

[1] S. Rials, *op. cit.*, p. 120.

[2] P. le Monnier de Gouville, De l'usage du standard en procédure pénale, *RDA*, févr. 2014, n° 9, p. 43 et s.

[3] C. Bloud-Rey, Standard, *in* Denis Alland et Stéphane Rials (dir.), *Dictionnaire de la culture juridique*, PUF, 2003, p. 1440.

[4] J.-L. Bergel, *Méthodologie juridique fondamentale et appliquée*, 3e éd., PUF, 2018, p. 121.

[5] C. Bloud-Rey, *op. cit.*

celle du droit – pour interpréter les textes appliqués et déterminer la norme applicable. Ainsi, les caractères indéterminé et exogène des standards octroient au juge une certaine marge de manœuvre lors de la concrétisation de la règle de droit, en lui permettant de l'adapter à la situation factuelle face à laquelle il se trouve. Du fait de la particularité du contentieux constitutionnel français, on peut s'interroger sur le rôle, spécifique ou non, que joue le standard de précision suffisante dans la jurisprudence du Conseil constitutionnel. Cela implique de se demander si la particularité du standard de précision suffisante permet au juge de s'appuyer sur des éléments factuels et quels avantages le Conseil constitutionnel tire du recours à une telle technique d'énonciation.

Les décisions dans lesquelles le standard de précision suffisante est appliqué révèlent les bénéfices que le juge peut tirer de son utilisation. Les contours indéterminés de ce standard octroient en effet une importante souplesse au juge. Le Conseil constitutionnel instrumentalise ce standard de deux façons principales : il l'utilise, d'une part, pour adapter le contrôle qu'il opère sur les lois (I) et, d'autre part, pour créer des normes jurisprudentielles, de manière plus ou moins explicite (II).

I – Un instrument de contrôle adaptable

Dans la jurisprudence du Conseil constitutionnel, le standard de précision suffisante apparaît comme un instrument de contrôle qu'il utilise avec une certaine souplesse. En premier lieu, parce que le standard de précision suffisante fait office de norme de concrétisation pour plusieurs normes constitutionnelles (A). En second lieu, car le choix d'un standard pour formuler ces normes permet au juge de moduler l'exercice de son contrôle (B).

A – Une norme de concrétisation aux applications diverses

Selon la définition donnée par M. Heitzmann-Patin, les normes de concrétisation sont des normes jurisprudentielles « qui vont à la fois concrétiser les normes de référence »[1] – puisqu'elles en précisent les conditions d'application en leur « donnant un mode d'emploi »[2] – et constituer des « outils de contrôle » – puisqu'elles permettent au juge d'opérer son contrôle en devenant l'étalon par rapport auquel l'acte est contrôlé. Ainsi, le respect de la norme de concrétisation est la *condition* pour que le texte contrôlé soit conforme aux normes de références, et donc à la Constitution[3]. Le standard de précision suffisante est utilisé pour formuler la norme de concrétisation de plusieurs normes constitutionnelles. On peut en relever quatre principales utilisations[4]. Tout d'abord, ce standard est utilisé lorsque le juge est saisi d'une loi d'habilitation à légiférer par ordonnance sur le fondement de l'article 38 de la Constitution. Ce dernier vérifie que le texte contient une définition suffisamment précise *du domaine* d'intervention et *des finalités* de l'habilitation[5]. Le standard de précision

---

[1] M. Heitzmann-Patin, *Les normes de concrétisation dans la jurisprudence du Conseil constitutionnel*, LGDJ, 2020, p. 10-11.
[2] M. Heitzmann-Patin, *Les normes de concrétisation des exigences constitutionnelles*, Titre VII, 2022/1, n° 8, p. 65.
[3] M. Heitzmann-Patin, *op. cit.*, p. 40.
[4] Le standard de précision suffisante apparaît dans quelques autres cas, plus résiduels. Par exemple en application de l'article 72-2 de la Constitution (CC, 29 juillet 2004, n° 2004-500 DC, *Loi organique relative à l'autonomie financière des collectivités territoriales*), ou encore dans le cadre des expérimentations prévues par l'article 37-1 (ex : CC, 21 mars 2019, n° 2019-778 DC, *Loi de programmation 2018-2022 et de réforme pour la justice*).
[5] CC, 12 janvier 1977, n° 76-72 DC, *Territoire Français des Afars et des Issas*.

suffisante est aussi utilisé pour contrôler le respect du principe de légalité des délits et des peines[1], qui découle de l'article 8 de la Déclaration des droits de l'homme et du citoyen. Les infractions et les peines, ainsi que leurs champ et conditions d'application, doivent non seulement être définies, mais définies avec suffisamment de précision. Le même standard est utilisé dans le cadre du contrôle de l'incompétence négative (qui se rattache à l'article 34 de la Constitution, notamment)[2]. Enfin, il est utilisé lorsque le Conseil constitutionnel contrôle le respect de l'objectif de valeur constitutionnelle d'accessibilité et d'intelligibilité de la loi (rattaché aux articles 4, 5, 6 et 16 de la Déclaration de 1789)[3].

Dans ces différents cas, le standard de précision suffisante est utilisé par le juge comme instrument de contrôle du respect des différentes normes constitutionnelles auxquelles il est rattaché. Le Conseil constitutionnel vérifie que le texte qui lui est soumis est « suffisamment précis » et l'issue de ce contrôle détermine si la disposition est conforme ou contraire à la norme de référence appliquée. Par exemple, dans une décision du 13 août 2021, le Conseil constitutionnel a considéré que les références faites aux « principes de la République » et au fait de « [manifester] un rejet » [4]à l'égard de ces principes

---

[1] CC, 20 janvier 1981, n° 81-127 DC, *Loi renforçant la sécurité et protégeant la liberté des personnes*.

[2] CC, 16 janvier 1982, n° 81-132 DC, *Loi de nationalisation* ; CC, 20 juillet 1983,n° 83-162 DC,*Loi relative à la démocratisation du secteur public*.

[3] CC, 12 janvier 2002, n° 2001-455, *Loi de modernisation sociale*. Il était également utilisé pour le contrôle de l'ancien principe de clarté, désormais abandonné (En ce sens voir : P. Rrapi, *L'accessibilité et l'intelligibilité de la loi en droit constitutionnel*, Dalloz, coll. « Nouvelle Bibliothèque de Thèses », 2014, p. 52 et s.).

[4] CC, 13 août 2021, n° 2021-823 DC, *Loi confortant le respect des principes de la République*.

n'étaient pas des notions suffisamment précises pour justifier un refus de délivrance ou de renouvellement de titre de séjour. Il a alors censuré ces dispositions en raison de la méconnaissance de l'objectif de valeur constitutionnelle d'accessibilité et d'intelligibilité de la loi. Le standard de précision suffisante entre donc dans la catégorie des normes de concrétisation et il est utilisé comme tel pour appliquer plusieurs normes constitutionnelles.

Cette norme de concrétisation est utilisée par le juge avec une certaine liberté. Tout d'abord, elle apparaît sous différentes formes dans les décisions du Conseil constitutionnel (« précisément défini »[1] ; « suffisamment défini »[2]) et elle est associée à d'autres standards similaires (tels que « non équivoque »[3] ou « clair »[4]). Surtout, le contrôle de la précision suffisante permet de traiter conjointement les différentes normes de références auxquelles il se rattache. L'objectif de valeur constitutionnelle d'accessibilité et d'intelligibilité de la loi et l'incompétence négative sont le plus souvent examinés ensemble[5]. En outre le juge joint parfois, lors de l'examen

---

[1] Ex. : CC, 21 mars 2019, n° 2019-778 DC, *Loi de programmation 2018-2022 et de réforme pour la justice*.

[2] *Ibid.*

[3] Ex. : CC, 14 décembre 2023, n° 2023-858 DC, *Loi pour le plein emploi* ; CC, 30 avril 2024, n° 2024-1087 QPC, *Groupement d'achat Édouard Leclerc*.

[4] Ex. : CC, 20 décembre 2018, n° 2018-773 DC, *Loi relative à la lutte contre la manipulation de l'information* ; CC, 14 décembre 2023, n° 2023-858 DC, *Loi pour le plein emploi.*

[5] Les moyens relatifs à l'incompétence négative et l'objectif de valeur constitutionnelle d'accessibilité et d'intelligibilité de la loi sont assimilés par le juge dans la plupart des cas (P. Rrapi, *op. cit.*, p. 170, voir aussi p. 38 et s.). Voir parmi de nombreux exemples : CC, 8 décembre 2016, n° 2016-741 DC, *Loi relative à la transparence, à la lutte contre la corruption et à la modernisation de la vie*

de la précision suffisante du texte, le contrôle de l'une des normes de références évoquées précédemment à celui de la violation d'un droit ou d'une liberté fondamentale[1]. L'insuffisante précision, tout en constituant une incompétence négative, peut donc aussi porter atteinte à une liberté fondamentale[2]. Par exemple, dans une décision du 8 mars 2018[3], le Conseil a été saisi de dispositions qui prévoyaient de conditionner l'inscription de personnes en situation de handicap à des formations pour lesquelles leurs acquis et compétences ne correspondent pas entièrement aux caractéristiques de la formation. Ces personnes devaient en effet accepter de bénéficier « des dispositifs d'accompagnement pédagogique ou de parcours de formation personnalisés proposés par l'établissement pour favoriser sa réussite ». Les requérants ont considéré que ces dispositions constituaient une incompétence négative du législateur, le texte ne précisant « pas les critères selon lesquels le traitement différencié des candidats peut être opéré ». Ils ont également fait valoir que le texte portait atteinte au principe d'égal accès

---

économique ; CC, 29 décembre 2014, n° 2014-708 DC, *Loi de finances rectificative pour 2014*.

[1] On trouve en outre un exemple de cas dans lequel le juge a censuré l'insuffisante précision sur le seul fondement de l'atteinte à une liberté fondamentale, sans la rattacher à une autre norme de référence. (CC, 20 décembre 2018, n° 2018-773 DC, *Loi relative à la lutte contre la manipulation de l'information*, §49-53).

[2] CC, 6 juillet 2016, n° 2016-551 QPC, *M. Éric B*. *Idem* pour les habilitations (ex : CC, 7 septembre 2017, n° 2017-751 DC, *Loi d'habilitation à prendre par ordonnances les mesures pour le renforcement du dialogue social*), pour le principe de la légalité des délits et des peines (ex : CC, 20 décembre 2018, n° 2018-773 DC, *Loi relative à la lutte contre la manipulation de l'information*), et pour le contrôle des expérimentations (CC, 6 juillet 2016, n° 2016-551 QPC, *M. Éric B*).

[3] CC, 8 mars 2018, n° 2018-763 DC, *Loi relative à l'orientation et à la réussite des étudiants*.

à l'instruction, au principe d'égal accès au service public de l'enseignement et au principe d'égalité devant la loi. Le Conseil constitutionnel a considéré que le législateur avait « retenu des critères objectifs et rationnels, dont il [avait] suffisamment précisé le contenu, de nature à garantir le respect du principe d'égal accès à l'instruction » (§12). En l'occurrence, le grief d'incompétence négative et ceux relatifs au principe d'égalité sont imbriqués puisque, dans les deux cas, la réponse du juge dépend de la précision de la disposition en question.

Toutefois, cette souplesse d'utilisation bénéficie au juge presque seulement dans le cadre du contrôle *a priori*. Les normes de référence auxquelles se rattache le standard de précision suffisante ne sont, pour la plupart, pas invocables dans le cadre d'une QPC, car seul le principe de légalité des délits et des peines peut être invoqué en lui-même dans le cadre du contrôle de constitutionnalité *a posteriori*. Les moyens d'incompétence négative[1] et de la précision des finalités de l'habilitation ne peuvent être invoqués en eux-mêmes : il faut que l'imprécision entraîne la violation d'un droit ou d'une liberté constitutionnellement garantie (art. 61-1C). L'objectif d'accessibilité et d'intelligibilité de la loi n'est, quant à lui, pas invocable *a posteriori*[2].

Outre la diversité des utilisations de la précision suffisante, le choix d'utiliser ce standard pour formuler ces normes de concrétisation permet au juge de moduler son contrôle en fonction des cas dont il est saisi.

---

[1] CC, 18 juin 2010, n° 2010-5 QPC, *SNC Kimberly Clark*.

[2] CC, 12 octobre 2012, n° 2012-280 QPC, *Société Groupe Canal Plus et autre*.

B – Un outil de modulation du contrôle

En raison de sa formulation, le standard de précision suffisante octroie au juge une certaine souplesse dans l'exercice de son contrôle. Tout d'abord, la « précision » s'oppose à l'adoption de textes obscurs ou ambigus[1], mais aussi dans certains cas à la trop « large portée » d'une disposition[2]. Ensuite, l'exigence de précision s'applique à la définition des notions employées dans le texte, à leur champ d'application et à leurs conditions de mises en œuvre ou [3] encore à la finalité des mesures d'habilitation. Il s'agit donc d'un instrument malléable qui couvre une importante diversité de champs et d'objets. D'ailleurs, cette diversité est prise en compte par le juge. La précision est, en effet, appréciée différemment selon la norme de référence qu'elle permet d'appliquer. Par exemple, il a pu distinguer dans sa décision n° 2017-750 l'exigence de précision suffisante lorsqu'elle est rattachée au principe de légalité des délits et des peines de celle qui découle de l'objectif d'accessibilité et d'intelligibilité de la loi. Le juge a considéré que l'« obligation de vigilance » imposée aux sociétés par la loi contrôlée était trop imprécise[4] pour

---

[1] Ex. : CC, 25 février 2010, n° 2010-604 DC, *Loi renforçant la lutte contre les violences de groupes et la protection des personnes chargées d'une mission de service public*.

[2] Ex. : CC, 20 décembre 2018, n° 2018-773 DC, *Loi relative à la lutte contre la manipulation de l'information*.

[3] Par exemple, le Conseil constitutionnel peut contrôler le choix des critères selon lesquels le pouvoir réglementaire est autorisé à préciser la loi (CC, 21 mars 2019, n° 2019-778 DC, *Loi de programmation 2018-2022 et de réforme pour la justice*, cons. 374).

[4] Cette imprécision découlait « de la généralité des termes qu'il a employés, du caractère large et indéterminé de la mention des « droits humains » et des « libertés fondamentales » et du périmètre des sociétés, entreprises et activités entrant dans le champ du plan de vigilance qu'il instituait » (CC, 23 mars 2017, n° 2017-750 DC, *Loi relative au devoir de vigilance des sociétés mères et des entreprises donneuses d'ordre*).

être assortie d'une sanction. Il a donc censuré la disposition qui prévoyait cette sanction sur le fondement de la violation du principe de légalité des délits et des peines. Dans la même décision, il a en revanche refusé de censurer la disposition qui créait cette obligation sur le fondement de l'objectif de valeur constitutionnelle d'accessibilité et d'intelligibilité de la loi. Le juge a en effet considéré que si les notions employées par le législateur étaient trop imprécises pour être assorties d'une sanction, « celles-ci ne [présentaient] toutefois pas un caractère inintelligible »[1]. Il a donc validé la mesure créant l'obligation de vigilance. Dans la jurisprudence du Conseil, un même énoncé peut donc être à la fois insuffisamment et suffisamment précis, selon la norme constitutionnelle appliquée[2].

En outre, le caractère « suffisant » ou non de la précision justifie implicitement le renvoi à des éléments extérieurs aux textes contrôlés pour les interpréter. En premier lieu, il permet de prendre en compte les circonstances concrètes dans lesquelles le texte a vocation à s'appliquer. La précision suffisante n'étant pas une valeur objective et absolue, elle s'adapte en fonction du destinataire et de la situation régie par le texte. Ainsi, dans une QPC du 13 janvier 2011, le Conseil admet la validité de la notion de « déséquilibre significatif entre les droits et obligations », utilisée pour déterminer l'objet de l'interdiction de pratiques commerciales abusives dans les contrats conclus entre un fournisseur et un distributeur. Cette expression, contestée sur le fondement du principe de légalité des délits et des peines, est en l'espèce

---

[1] CC, 23 mars 2017, n° 2017-750 DC, *Loi relative au devoir de vigilance des sociétés mères et des entreprises donneuses d'ordre*, §22.

[2] Cette distinction est d'ailleurs explicitement affirmée dans le commentaire du Conseil constitutionnel sur la décision (p. 10-11).

considérée comme suffisamment précise « eu égard [...] à la complexité des pratiques que le législateur a souhaité prévenir et réprimer »[1]. Dans cet exemple, le juge s'appuie sur la particulière complexité de la situation régie pour considérer que le texte est *suffisamment* précis dans ce contexte spécifique. Le standard permet de justifier le renvoi à des éléments concrets pour examiner le texte et, ainsi, d'adapter le contrôle aux cas dont il est saisi. Il s'agit cependant de faits particuliers, qui se différencient de ceux pris en compte dans la résolution d'autres types de litiges. En effet, il ne s'agit pas de faits réalisés, ni même de faits individualisables, mais de la prise en compte d'une situation générale.

En second lieu, l'utilisation de ce standard fournit au juge une justification pour s'appuyer sur des éléments juridiques extérieurs au texte lui-même. Elle permet, tout d'abord, le renvoi à des textes ou normes préexistants dans le système juridique. Le juge peut trouver des éléments venant préciser une notion ou un régime juridique dans les lois[2] ou les règlements en vigueur, dans la jurisprudence ou encore dans le droit européen (notamment dans les directives européennes[3]). La notion utilisée peut notamment être définie dans un texte ou par la jurisprudence. Dans ce cas, le texte est considéré comme suffisamment précis, car il renvoie à une notion déjà connue dans le système juridique[4]. Le juge s'appuie donc

[1] CC, 13 janvier 2011, n° 2010-85 QPC, *Établissements Darty et Fils*.

[2] Par ex. : CC, 26 janvier 2017, n° 2016-745 DC, *Loi relative à l'égalité et à la citoyenneté* ; CC, 11 décembre 2014, n° 2014-704 DC, *Loi relative à la désignation des conseillers prud'hommes*.

[3] Par ex. : CC, 26 janvier 2017, n° 2016-745 DC, *Loi relative à l'égalité et à la citoyenneté*.

[4] *Ibid.* : « Les termes « identité de genre », qui figurent d'ailleurs à l'article 225-1 du code pénal dans sa version issue de la loi du 18 novembre 2016 mentionnée ci-dessus, sont également utilisés dans la convention du Conseil de l'Europe du 12 avril 2011 et dans la

sur ces éléments du droit positif pour écarter la censure. Cette méthode est aussi appliquée pour identifier le champ d'application d'une règle ou de ses exceptions, dont la délimitation peut être posée dans d'autres sources de droit[1].

Le contrôle de la précision suffisante justifie, enfin, que le juge ait recours à des techniques classiques d'interprétation des textes contrôlés : renvoi aux travaux parlementaires – soit en retraçant les étapes de la discussion[2], soit en s'appuyant sur les débats parlementaires[3] –, réserves d'interprétation[4], renvoi aux objectifs poursuivis par le législateur[5]. Ces méthodes permettent de donner une certaine signification au texte contrôlé et, souvent, d'écarter la censure. L'exigence de précision n'étant pas très stricte, elle permet au juge de laisser une importante marge de manœuvre au législateur. Ainsi, les éléments extérieurs au texte contrôlé et aux

---

directive du 13 décembre 2011 mentionnées ci-dessus. Dans ces conditions, les termes d'« identité de genre » utilisés par le législateur sont suffisamment clairs et précis pour respecter le principe de légalité » (§89).

[1] CC, 19 septembre 2014, n° 2014-412 QPC, *M. Laurent D.*

[2] CC, 31 juillet 2014, n° 2014-700 DC, *Loi pour l'égalité réelle entre les femmes et les hommes.*

[3] Parmi de nombreux exemples : CC, 7 septembre 2017, n° 2017-751 DC, *Loi d'habilitation à prendre par ordonnances les mesures pour le renforcement du dialogue social* ; CC, 26 janvier 2017, n° 2016-745 DC, *Loi relative à l'égalité et à la citoyenneté* ; CC, 27 juillet 2006, n° 2006-540 DC, *Loi relative au droit d'auteur et aux droits voisins dans la société de l'information.*

[4] Ex. : CC, 20 décembre 2018, n° 2018-773 DC, *Loi relative à la lutte contre la manipulation de l'information* (§42 et §61) ; CC, 27 juillet 2006, n° 2006-540 DC, *Loi relative au droit d'auteur et aux droits voisins dans la société de l'information* (§50).

[5] Ex. : CC, 1er août 2019, n° 2019-790 DC, *Loi de transformation de la fonction publique* ; CC, 20 décembre 2018, n° 2018-773 DC, *Loi relative à la lutte contre la manipulation de l'information.*

normes de références appliquées, pris en compte par le juge lors de l'application du standard de précision suffisante, sont caractéristiques du contrôle opéré par le Conseil constitutionnel. Ces éléments peuvent correspondre à une situation générale, à des éléments du système juridique ou encore à des faits pré-juridiques qui ont mené à l'adoption du texte contrôlé. Ainsi, le rôle joué par le standard est similaire à celui qu'il peut avoir dans la jurisprudence administrative, tout en étant adapté au contentieux constitutionnel.

Si ce standard octroie une souplesse de contrôle au Conseil constitutionnel, il remplit par ailleurs d'autres fonctions dans sa jurisprudence. Il lui permet en effet d'afficher ou, au contraire, de diluer la poursuite de certains objectifs.

II – Un instrument de création normative malléable

Le juge constitutionnel poursuit, de manière plus ou moins manifeste, différents objectifs en contrôlant la précision suffisante. Il module ainsi sa communication quant à la création jurisprudentielle d'exigences constitutionnelles. Ce standard lui permet, d'un côté, d'afficher qu'il vérifie que le législateur a exercé complètement sa compétence (A). De l'autre, il utilise ce standard pour dégager à demi-mot et de manière diffuse, une exigence constitutionnelle de qualité du droit (B).

A – La protection affichée de la compétence du législateur

Dans la jurisprudence constitutionnelle, le contrôle de la précision suffisante est justifié par la poursuite de certains objectifs. En application de l'objectif d'accessibilité et d'intelligibilité de la loi et de l'article 34 de la Constitution, il sert à « prémunir les sujets de droit contre une interprétation contraire à la Constitution ou contre le risque d'arbitraire »[1]. Le Conseil constitutionnel précise que le législateur doit exercer sa compétence « sans reporter sur des autorités administratives ou juridictionnelles le soin de fixer des règles ou des principes fondamentaux dont la détermination » a été confiée à la loi[2]. De même, en application du principe de légalité des délits et des peines, l'exigence de précision suffisante a été posée par le juge « pour exclure l'arbitraire »[3]. Au travers de ces justifications, on comprend que le contrôle de la précision suffisante est supposé prémunir les sujets de droit contre l'arbitraire en évitant que les autorités qui appliquent la loi n'aient une trop grande liberté pour interpréter les dispositions législatives[4]. Les objectifs assignés à ce contrôle sont donc

---

[1] CC, 12 janvier 2002, n° 2001-455 DC, *Loi de modernisation sociale*.

[2] Ex : CC, 21 avril 2005, n° 2005-512 DC, *Loi d'orientation et de programme pour l'avenir de l'école*, (cons. 9) ; CC, 29 novembre 2017, n° 2017-755 DC, *Loi de finances rectificative pour 2017*(§49) ; CC, 13 août 2021, n° 2021-823 DC, *Loi confortant le respect des principes de la République*.

[3] CC, 8 septembre 2017, n° 2017-752 DC, *Loi pour la confiance dans la vie politique* ; CC, 20 décembre 2018, n° 2018-773 DC, *Loi relative à la lutte contre la manipulation de l'information*. Il existe un autre objectif qui se rattache spécialement au contrôle du respect du principe de légalité des délits et des peines :la précision suffisante s'impose aussi « pour éviter une rigueur non nécessaire lors de la recherche des auteurs d'infractions » (Ex : CC, 2 mars 2004, n° 2004-492 DC, *Loi portant adaptation de la justice aux évolutions de la criminalité* ; CC, 27 juillet 2006, n° 2006-540 DC, *Loi relative au droit d'auteur et aux droits voisins dans la société de l'information*).

[4] Cela ressort également des commentaires des décisions produits par le Conseil constitutionnel. Voir par exemple le commentaire des décisions CC, 16 septembre 2011, n° 2011-163 QPC, *M. Claude N.* (p. 11) ; CC, 29 juillet 2004, n° 2004-499 DC, *Loi relative à la*

très similaires, bien que rattachés à des normes de référence différentes. Cette proximité peut d'ailleurs expliquer que le juge examine parfois conjointement les différents moyens auxquels est rattachée l'exigence de précision suffisante.

Ainsi, le but de ce contrôle est d'éviter que le législateur ne transfère sa compétence, et opère par là une « subdélégation implicite »[1] au pouvoir réglementaire d'application, à une autre autorité administrative, au juge, ou encore aux auteurs des conventions collectives de travail[2]. En leur laissant une trop grande liberté, un texte insuffisamment précis permettrait à ces autorités de définir certaines règles et, ainsi, d'empiéter sur la compétence du législateur[3]. Ainsi, en contrôlant la précision suffisante des dispositions législatives, le juge vise à assurer la « prédétermination »[4] de l'action des autorités qui appliquent la loi. De cette manière, il vérifie que le législateur exerce son entière compétence en contrôlant que l'action des autorités appliquant la loi est encadrée et qu'elles n'ont pas toute latitude pour l'interpréter. Le standard de précision suffisante est donc utilisé comme instrument de défense de la compétence du législateur[5] –

---

protection des personnes physiques à l'égard des traitements de données à caractère personnel (p. 1) ;

[1] P. Rrapi, *op. cit.*, p. 39. Voir aussi : A. Vidal-Naquet, L'état de la jurisprudence du Conseil constitutionnel sur l'incompétence négative, *Les Nouveaux Cahiers du Conseil constitutionnel*, 2015/1, n° 46, p. 5-19.

[2] Ex : CC, 7 août 2008, n° 2008-568 DC, *Loi portant rénovation de la démocratie sociale et réforme du temps de travail*.

[3] P. Rrapi, *op. cit.*, p. 39.

[4] *Ibid.*, p. 41.

[5] De même que le contrôle de l'incompétence négative. En ce sens : F. Galletti, Existe-t-il une obligation de bien légiférer ? Propos sur « l'incompétence négative du législateur » dans la jurisprudence du Conseil constitutionnel, *RFDC*, 2004, p. 387-417.

ce qui permet au juge de protéger en même temps son propre domaine de compétence[1].

L'objectif est cependant un peu différent concernant les habilitations à adopter des ordonnances octroyées sur le fondement de l'article 38 de la Constitution. Dans le cas de l'application des autres normes de référence, le juge s'assure que le législateur n'octroie pas de délégation de compétences en raison de l'insuffisante précision du texte. Dans le cas de l'habilitation, une telle délégation existe nécessairement. En la matière, le contrôle de la précision suffisante a donc un objet plus précis que le simple contrôle de la formulation du texte puisqu'il porte sur la définition du domaine et des finalités de l'habilitation. Le but de ce contrôle est de s'assurer que la délégation est bien délimitée et justifiée par la poursuite de finalités préalablement définies[2]. Ainsi, le contrôle porte également sur la répartition des compétences entre les autorités productrices de textes normatifs, mais, dans la mesure où il existe une délégation de compétence, il porte sur l'encadrement de cette délégation et non sur son existence[3].

---

[1] Dans ce sens, voir l'analyse stratégique proposée par Guillaume Tusseau (*Les normes d'habilitation*, Dalloz, coll. « Nouvelle Bibliothèque de Thèses », 2006, p. 511-519).

[2] L'objet du contrôle est similaire lorsqu'il s'agit de contrôler les expérimentations sur le fondement de l'art. 37-1 de la Constitution.

[3] D'ailleurs, le contrôle de la précision du domaine et des finalités des habilitations est particulièrement léger. Il est quasi inexistant sur la définition du domaine : il suffit que le domaine soit défini dans l'habilitation pour que la censure soit écartée (voir, parmi de nombreux exemples : CC, 21 mars 2019, n° 2019-778 DC, *Loi de programmation 2018-2022 et de réforme pour la justice*), quelle que soit son étendue. En revanche, le contrôle est devenu légèrement plus strict sur la définition des finalités de l'habilitation au cours des dernières années. Plusieurs censures ont d'ailleurs été prononcées sur ce fondement depuis 2017 (Ex : CC, 26 janvier 2017, n° 2016-745

Le contrôle de la précision suffisante est donc utilisé pour protéger la compétence du législateur, mais également afin de diffuser la création d'une exigence de qualité du droit.

B – La création diffuse d'une exigence de qualité du droit

L'exigence de précision suffisante permet de s'assurer que les dispositions législatives qui entrent en vigueur sont d'une certaine qualité[1]. Tel qu'elle est appliquée par le juge, la précision suffisante correspond à la possibilité pour les destinataires de connaître les conséquences de l'application de la loi[2]. Ainsi, par ce contrôle, le juge constitutionnel a pour objectif d'assurer une certaine prévisibilité du droit[3], pour permettre aux citoyens « de connaître et de comprendre la loi »[4], c'est-à-dire de connaître les conséquences juridiques de leurs actions. La protection de l'exigence de qualité du droit s'étend au-delà de l'application de l'objectif de valeur constitutionnelle d'accessibilité et d'intelligibilité de la loi puisque le contrôle de la précision suffisante découle de l'application

---

DC, *Loi relative à l'égalité et à la citoyenneté*, §13et 14 ; CC, 4 septembre 2018, n° 2018-769 DC, *Loi pour la liberté de choisir son avenir professionnel*, § 88 ; CC, 20 décembre 2019, n° 2019-794 DC,*Loi d'orientation des mobilités*, §48).

[1] Sur la question de la qualité de la loi, voir : V. Marinese, *L'idéal législatif du Conseil constitutionnel. Étude sur les qualités de la loi*, thèse de droit public, Université de Nanterre – Paris X, 2007.

[2] Dans ce sens voir : P. Rrapi, *op. cit.*, p. 142.

[3] Le Conseil constitutionnel fait d'ailleurs de la « connaissance suffisante » des normes applicables aux citoyens la condition du respect des droits et libertés garantis par les articles 4, 5, 6 et 16 de la Déclaration de 1789 (CC, 16 décembre 1999, n° 99-421 DC, *Loi portant habilitation du Gouvernement à procéder, par ordonnances, à l'adoption de la partie législative de certains codes)*.

[4] P. Rrapi, *op. cit.*, p. 54.

de différentes normes constitutionnelles. Cette exigence de qualité n'est pas explicite dans les décisions du juge constitutionnel, mais elle se dégage en filigrane de la jurisprudence. Elle apparaît, en outre, sur le site du Conseil constitutionnel, dans les tables analytiques de ses décisions : il existe une rubrique « qualité de la loi » (dans un titre 10.3.10) au sein de laquelle on trouve, notamment, une section « objectif d'accessibilité et d'intelligibilité » et une section « exigence de précision de la loi » (qui découle de l'article 34, de l'article 72-2 et du principe de légalité des délits et des peines).

L'application du standard de précision suffisante permet de diffuser cette exigence de qualité du droit en la rattachant à différentes normes de références[1]. En assurant une prédétermination du sens de la loi, la précision suffisante permet d'étendre l'exigence de prévisibilité du droit au-delà du seul contrôle de l'objectif d'accessibilité et d'intelligibilité. Plusieurs censures ont été prononcées en raison de l'insuffisante précision de dispositions législatives, sur le fondement de ces normes constitutionnelles de référence[2]. Sans créer véritablement une norme de « qualité du droit » ou de « sécurité

---

[1] En procédant de la sorte, il met en œuvre, en quelque sorte, la « méthode incrémentaliste », (ou « gradualiste ») qui permet l'introduction graduelle de techniques nouvelles de contrôle. Cette méthode « signifie l'introduction de règles ou techniques nouvelles par le juge, par ajustements successifs au fil de sa jurisprudence. » (S. Leturcq, *Standards et droits fondamentaux devant le Conseil constitutionnel français et la Cour européenne des droits de l'homme*, LGDJ, 2005, p. 39).

[2] Ex : CC, 16 septembre 2011, n° 2011-163 QPC, *M. Claude N.* (principe de légalité des délits et des peines) ; CC, 10 mars 2011, n° 2011-625 DC, *Loi d'orientation et de programmation pour la performance de la sécurité intérieure* ; CC, 29 juillet 2004, n° 2004-499 DC, *Loi relative à la protection des personnes physiques à l'égard des traitements de données à caractère personnel* (incompétence négative et principe de clarté).

juridique »[1], le juge peut donc s'assurer que la loi respecte une exigence minimale de qualité en s'appuyant sur des normes constitutionnelles existantes. Ainsi, le juge semble mettre en œuvre une politique jurisprudentielle d'amélioration de la qualité des lois[2], quitte à en préciser lui-même le sens. Le fait qu'un standard soit utilisé pour formuler une norme de concrétisation semble en outre offrir une certaine liberté au juge : l'exigence de précision est développée dans la jurisprudence, sans pour autant qu'y soit apporté un changement radical. De cette manière, le juge évite de créer une nouvelle norme constitutionnelle de référence tout en opérant effectivement un contrôle de la qualité de la loi.

[1] À titre de comparaison, on peut souligner que le Conseil d'État peut examiner le caractère « imprécis » ou « équivoque » d'une disposition lorsqu'il contrôle l'existence d'une atteinte à la sécurité juridique (Ex. : CE, 15 février 2016, *Association French Data Network et autres*, n° 389140 ; CE, 26 juin 2019, *Association Générations futures*, n° 415426 ; CE, 19 juillet 2022, *Association pour l'égal accès aux emplois publics et la défense de la méritocratie républicaine*, n° 453971).

[2] P. Rrapi, *op. cit.*, p. 55.

Les exigences minimales de la vie en société : la constitutionnalisation d'un standard d'ordre public immatériel

Ellie-May Farha

Doctorante en droit public

La délimitation des *exigences minimales de la vie en société* et des obligations comportementales qui en découlent est à l'origine de nombreuses incertitudes.

Ne pourrait-on pas considérer que ces exigences résident déjà dans l'ensemble des normes de notre système juridique qui imposent et prohibent des comportements ? Au contraire, s'agirait-il de règles immanentes à la vie en société indépendamment de toute consécration normative explicite ?

En étudiant les exigences minimales de la vie en société, telles que conçues par le Conseil constitutionnel et développées par le législateur sous la forme d'un standard, on peut affirmer qu'il est les deux à la fois.

Ces exigences apparaissent sous la plume du Conseil constitutionnel dans sa décision du 7 octobre 2010 relative à la loi interdisant la dissimulation du visage dans l'espace public. La décision est rendue au visa des articles 4[1], 5[2] et

---

[1] « La liberté consiste à pouvoir faire tout ce qui ne nuit pas à autrui : ainsi, l'exercice des droits naturels de chaque homme n'a de bornes que celles qui assurent aux autres membres de la société la jouissance de ces mêmes droits. Ces bornes ne peuvent être déterminées que par la loi. »

[2] « La loi n'a le droit de défendre que les actions nuisibles à la société. Tout ce qui n'est pas défendu par la loi ne peut être empêché, et nul ne peut être contraint à faire ce qu'elle n'ordonne pas. »

10[1] de la Déclaration des droits de 1789 et du 3e alinéa du Préambule de 1946[2]. Après avoir mis ces droits et libertés en balance avec les objectifs poursuivis par le législateur, le Conseil statue en faveur de la constitutionnalité de cette loi d'interdiction générale, introduisant toutefois une réserve concernant les lieux de culte. En substance, il retient que les dispositions de la loi n° 2010-1192 du 11 octobre 2010 répondent « à l'apparition de pratiques, jusqu'alors exceptionnelles », que le législateur considère comme « un danger pour la sécurité publique et les exigences minimales de la vie en société ». Il juge que la dissimulation volontaire ou non du visage place les femmes « dans une situation d'exclusion et d'infériorité manifestement incompatible avec les principes constitutionnels de liberté et d'égalité ».

Dans sa décision, il opère une mise en balance entre la liberté de religion, la sauvegarde de l'ordre public et l'égalité femme-homme, faisant primer la sécurité et consacrant ce standard d'exigences minimales de la vie en société comme limite au droit de manifester son appartenance religieuse.

D'après le commentaire officiel de la décision du Conseil, le législateur a dû faire face à des enjeux contradictoires : d'un côté, la restriction de droits et libertés constitutionnellement garantis – conscience, religion, expression, aller et venir, et respect de la vie privée ; de l'autre, la poursuite d'objectifs précis – laïcité, dignité de la personne humaine, égalité femme-homme,

---

[1] « Nul ne doit être inquiété pour ses opinions, même religieuses, pourvu que leur manifestation ne trouble pas l'ordre public établi par la loi. »

[2] « La loi garantit à la femme, dans tous les domaines, des droits égaux à ceux de l'homme. »

sécurité publique et sauvegarde de *l'ordre public immatériel*[1].

Le concept standard est ici entendu comme « un type de notion dont la vocation est d'être souple et de permettre la prise en compte de valeurs non proprement juridiques. Il s'agit d'une mesure moyenne de conduite sociale concrète »[2] ayant pour objet de « permettre la mesure de comportements et de situation en termes de normalité »[3].

Les exigences minimales de la vie en société, telles que consacrées par le Conseil, répondent parfaitement à la définition même du standard. Elles prennent en considération des notions politiques telles que le *pacte républicain* ou le *contrat social républicain*, les *valeurs fondamentales du vivre-ensemble*, et la *laïcité* afin de dégager un principe d'interdiction générale. Ces exigences minimales de la vie en société, concept volontairement extensible, permettent au législateur, sous couvert d'exigences supérieures d'ordre constitutionnel, d'adopter des normes de prohibition.

Si l'on s'intéresse à la définition littérale de ces exigences minimales de la vie en société, elles caractérisent le plus bas degré de ce qui est commandé, exigé, d'un individu lors de ses interactions sociales. Juridiquement, elles sont définies comme « un corpus de règles objectives qui forment un ensemble de devoirs

---

[1] Les Cahiers du Conseil constitutionnel, n° 30, commentaire, Décision n° 2010-613 DC, 7 octobre 2010, *Loi interdisant la dissimulation du visage dans l'espace public*, p. 4.

[2] R. Pound, *An introduction to the Philosophy of Law* cité par M.-O., Peyroux- Sissoko, « L'ordre public immatériel en droit public français », LGDJ, 2018, p. 30.

[3] S. Rials, *Le juge administratif français et la technique du standard, Essai de typologie des standards de la jurisprudence administrative*, LGDJ, 1980, p.120 cité par M.-O., Peyroux- Sissoko, *L'ordre public immatériel en droit public français*, LGDJ, 2018, p. 30.

civiques que les membres du corps social seront tenus de respecter lorsqu'ils évolueront en société afin de maintenir la confiance les uns entre les autres »[1] et ont été élaborées dans un objectif de « moralisation de l'espace public »[2].

L'identification précise des exigences composant ce corpus n'est pas aisée. Nonobstant, en l'appréhendant comme standard d'explicitation des règles essentielles à la vie en société, il est possible d'identifier les éléments pris en compte par les juges, le législateur et le gouvernement dans la détermination de ces règles. Elles semblent toutefois circonscrites à la restriction de la liberté de religion.

Cette étude aura pour objet de mettre en lumière l'originalité de la consécration des exigences minimales de la vie en société comme un standard auquel on confère une valeur constitutionnelle, mais dont l'étendue sera laissée à l'appréciation du législateur (I) qui procèdera dogmatiquement à une extension de ses contours (II).

I – Les exigences minimales de la vie en société : un standard constitutionnel laissé à la discrétion du législateur

Lorsque l'on se réfère aux débats parlementaires, les exigences minimales de la vie en société sont présentées comme l'expression d'un ordre public immatériel auquel le Conseil a, par sa décision, conféré une valeur constitutionnelle (A). L'interdiction de dissimuler son

---

[1] V. Gazagne-Jammes, *Les actes nuisibles à la vie en société : étude sur les exigences de la vie en société à partir de l'article 5 de la déclaration de 1789*, LGDJ, 2022, p. 8.

[2] F. Dieu, Libertés publiques - Le droit de dévisager et l'obligation d'être dévisagé : vers une moralisation de l'espace public ?,*JCP A* n° 48, 29 novembre 2010, p. 2355.

visage dans l'espace public relève d'un *choix de société* que la Cour européenne des droits de l'Homme renvoie à la marge d'appréciation des États (B).

A – La constitutionnalisation d'un standard d'ordre public immatériel laissé à l'appréciation du législateur

L'adoption de la loi interdisant la dissimulation du visage dans l'espace public en octobre 2010 a été précédée de la création d'une mission d'information sur la pratique du port du voile intégral sur le territoire national, créée en juin 2009 par la conférence des présidents de l'Assemblée nationale. Cette commission aboutit à un rapport[1] dont l'exposé des motifs affirme que « dissimuler son visage au regard de l'autre [...] est une négation des fondements élémentaires de la vie en société. »

À la suite de ce rapport, une étude du Conseil d'État formulait des doutes sur la faisabilité d'une interdiction générale du port du voile intégral en l'absence de fondements juridiques suffisamment solides[2].

Malgré les réticences du Conseil, une résolution a été votée à l'unanimité des députés le 11 mai 2010, considérant le port d'un voile intégral comme « pratiques radicales [...] contraires aux valeurs de la République » et estimant nécessaire « que tous les moyens utiles soient mis en œuvre » pour permettre l'interdiction de cette pratique[3].

---

[1] A. Gérin, E. Raoult, Rapport d'information fait au nom de la mission d'information sur la pratique du port du voile intégral sur le territoire national, enregistré à la Présidence de l'Assemblée nationale le 26 janvier 2010.

[2] Conseil d'État, Étude relative aux possibilités juridiques d'interdiction du port du voile intégral, 25 mars 2010.

[3] Petite loi n° 459, Assemblée nationale, 11 mai 2010, Résolution sur l'attachement au respect des valeurs républicaines face au développement des pratiques radicales qui y portent atteinte.

Ces différents textes conduisirent à la présentation en Conseil des ministres du 19 mai 2010 d'un projet de loi prévoyant une contravention de deuxième classe pour quiconque dissimulerait son visage et un délit puni d'un an d'emprisonnement et de 15 000 euros d'amende pour quiconque forcerait autrui à dissimuler son visage dans l'espace public. Certaines exceptions telles que la volonté de préserver l'anonymat, l'existence de motifs de santé ou encore un contexte de fête et de manifestation artistique ou culturelle viennent toutefois tempérer cette interdiction générale.

Si les dispositions du projet de loi sont suffisamment larges pour ne pas viser une pratique en particulier, l'intention du législateur ressort clairement des travaux préparatoires : interdire le voile intégral. L'exposé des motifs de la loi présente « la pratique du port du voile intégral » comme « contraire aux exigences fondamentales du "vivre-ensemble" dans la société française » et assimile la prohibition « des comportements qui iraient directement à l'encontre de règles essentielles au contrat social républicain, qui fonde notre société »[1] à un objectif d'ordre public.

La lecture des travaux parlementaires permet d'identifier l'étendue que le Conseil a initialement entendu conférer aux exigences minimales.

À l'aune des débats, on constate que le législateur a opté pour un renouvellement de la notion d'ordre public qualifié d'« ordre public social »[2] en reprenant la conception défendue par le Conseil d'État dans son étude du 25 mars 2010. Celui-ci évoquait la possibilité de

---

[1] Exposé des motifs, Projet de loi n° 2520 interdisant la dissimulation du visage dans l'espace public, enregistré à la Présidence de l'Assemblée nationale le 19 mai 2010, p. 3.

[2]A. Gérin, E. Raoult, Rapport, op. cit., p. 120.

reconnaître l'existence d'un ordre public immatériel, autonome, conçu comme « un socle minimal d'exigences réciproques et de garanties essentielles de la vie en société, qui [...] sont à ce point fondamentales qu'elles conditionnent l'exercice des autres libertés, et qu'elles imposent d'écarter, si nécessaire, les effets de certains actes guidés par la volonté individuelle » précisant que « ces exigences fondamentales du contrat social [sont] implicites et permanentes »[1]. Pour autant, le Conseil d'État, prudent, souligne que cette conception renouvelée de l'ordre public opèrerait un « changement profond de notre ordre normatif, dont les contours sont difficiles à cerner par avance au regard de l'ensemble de ses applications potentielles ».

Le législateur se montre moins réticent et défend l'idée d'un ordre public renouvelé. Lors de l'audition de Madame Michèle Alliot-Marie, garde des Sceaux, par la Commission des lois de l'Assemblée, cette dernière évoque « la volonté de vivre ensemble qui est la base du pacte républicain » et la prévention des « atteintes à l'ordre public social » qu'elle considère comme l'expression des « valeurs fondamentales du vivre-ensemble »[2]. Les notions de pacte républicain et de vivre-ensemble s'apparentent davantage à des arguments politiques qu'à des fondements juridiques, elles n'ont pas de définition légale et sont mobilisées pour justifier une limitation à la liberté. Ces arguments témoignent de la volonté politique d'interdire la dissimulation du visage dans l'espace public, nonobstant l'absence de trouble

---

1 Conseil d'État, *Étude relative aux possibilités juridiques d'interdiction du port du voile intégral*, 25 mars 2010, p. 26.

2 Assemblée nationale, Commission des lois constitutionnelles, Première séance du 16 juin 2010, Audition de Mme Michèle Alliot-Marie, ministre d'État, garde des Sceaux, ministre de la Justice et des libertés.

avéré aux composantes traditionnelles de l'ordre public matériel tel que défini par les dispositions de l'article L. 2212-2 du Code général des collectivités territoriales.

Subséquemment, la dissimulation du visage ne serait, en elle-même, pas compatible avec ce qui « est communément admis, dans notre société », car celui-ci « est le porteur de l'identité et de l'unicité de la personne » et « que c'est par lui que peut naître le dialogue »[1].

L'importance du visage en tant qu'organe éminemment social s'illustre dans de nombreux écrits philosophiques, d'Emmanuel Levinas à Gilles Deleuze, en passant par Roland Barthes. Tous soulignent la fonction sociale du visage comme instrument de subjectivisation, grâce auquel le Moi s'appréhende à travers la relation à autrui. Levinas, souligne que le « visage est précisément cette exceptionnelle présentation de soi par soi »[2] qu'il assimile à la « véracité divine »[3]. Aussi, l'authenticité de l'autre n'est perceptible que grâce au visage. Pour Deleuze, le visage « est l'individuation qui résulte de la nécessité qu'il y ait du visage »[4] et permet à la « machine de visagéité » qu'il définit comme une « production sociale du visage »[5] d'opérer une subjectivisation, au sens philosophique, de l'autre. Les interactions sociales entre individus sont les auxiliaires de la perception que le Moi a du visage d'autrui. Selon Nathalie Roelens, les trois fonctions majeures du visage sont « l'individuation, la socialisation

---

[1] J.-P. Garraud, Rapport n° 2648, fait au nom de la commission des lois de l'Assemblée nationale, déposé le 23 juin 2010, p. 7.

[2] E. Levinas, *Totalité et infini, Essai sur l'extériorité*, Le Livre de Poche, 1961, p. 221.

[3] Ibid., p. 224.

[4] G. Deleuze, F. Guattari, *Capitalisme et schizophrénie 2, Mille plateaux*, Année zéro – visagéité, Les éditions de minuit, Critiques, 1980, p. 215.

[5] Ibid., p. 222.

et la communication »[1]. Le visage est l'organe qui permet d'être identifié, différencié d'autrui et est ainsi considéré comme un vecteur de sociabilité.

Ces conceptions philosophiques semblent animer le législateur ; elles apparaissent en filigrane dans les débats parlementaires. Pour autant, elles n'y sont pas explicitement développées. Elles expliquent toutefois pourquoi, en France, apparaître à nos concitoyens à visage découvert est une des exigences minimales de la vie dans notre société justifiant une restriction de la liberté de manifester son appartenance religieuse.

Dans son commentaire de la décision du Conseil constitutionnel, Frédéric Dieu, maître des requêtes au Conseil d'État, assimile ces exigences à des « droits supra-individuels et supra-fondamentaux [...] s'imposant aux autres droits fondamentaux (de valeur constitutionnelle) que détiennent les individus ». Il y voit la consécration d'une nouvelle catégorie de « droits fondamentaux sociaux »[2] qui priment sur les droits fondamentaux individuels et dont l'identification relèverait de la compétence du législateur disposant d'une « habilitation constitutionnelle »[3] pour légiférer contre les *actes nuisibles à la vie en société*.

En admettant que les exigences minimales de la vie en société puissent justifier une limitation de la liberté de religion, le juge constitutionnel a élevé ces exigences au rang de composante de l'ordre public, dont la sauvegarde est un objectif de valeur constitutionnelle[4]. Ces exigences

---

[1] N. Roelens, *La hantise du visage chez Roland Barthes et Gilles Deleuze*, *InVisages, Histoires, représentations, créations,* 2017.

[2] F. Dieu, op. cit., p. 2358.

[3] Ibid., p. 2359.

[4] Conseil constitutionnel, Décision n° 82-141 DC du 27 juillet 1982, *Loi sur la communication audiovisuelle*, §5.

deviennent alors la traduction juridique des valeurs fondamentales de la République et des composantes de l'ordre public social permettant de garantir le vivre-ensemble, qui est un objectif essentiel du pacte républicain.

En tout état de cause, bien que dégagé par le Conseil constitutionnel, interprète authentique de la Constitution, ce standard attribue au législateur la compétence pour sanctionner des comportements qui, sans directement troubler l'ordre public matériel, troubleraient l'ordre sociétal protégé par les valeurs fondamentales de la République. Dès lors qu'un acte est identifié comme étant nuisible à la vie en société, il appartiendrait au pouvoir législatif d'adopter les mesures nécessaires pour faire cesser toutes potentielles atteintes aux *valeurs fondamentales du vivre-ensemble*.

Enfin, parce que le juge constitutionnel considère ne pas disposer de la même marge d'appréciation que le législateur, il limite son contrôle à la disproportion manifeste[1]. Ce contrôle, intimement lié au contexte, prend en compte des « variables déterminantes, qui relèvent des termes de la norme de référence, de l'importance qu'elles revêtent aux yeux du Conseil constitutionnel ainsi que de la configuration, contentieuse et législative ». Il permet au Conseil de « moduler l'intensité de son contrôle sur la base de ces variables pour tenir compte de la valeur juridique de l'objectif poursuivi par le législateur et de la gravité de l'atteinte portée par le moyen législatif à la norme constitutionnelle. »[2] De sorte que, dans la mesure

---

[1] A. Levade, Épilogue d'un débat juridique : l'interdiction de dissimulation du visage dans l'espace public validée !,*La semaine du droit* n° 1043, p.1981.

[2] J.B., Duclercq, « Les mutations du contrôle de proportionnalité dans la jurisprudence du Conseil constitutionnel », *Les nouveaux Cahiers du Conseil constitutionnel,* n° 49, octobre 2015, p. 121 à 126.

où le juge constitutionnel dégage ce standard pour justifier un large pouvoir d'appréciation du législateur dans l'identification et la consécration de ces exigences, il s'autolimite volontairement en faveur du pouvoir législatif.

La consécration constitutionnelle de ce standard comme composante de l'ordre public immatériel républicain semble spécialement élaborée pour répondre à la nécessité de dégager un objectif prééminent de nature à justifier une limitation de la liberté de religion en dehors de tout trouble matériel à l'ordre public. Cette constatation transparaît encore davantage à la lecture de la décision de la Cour européenne des Droits de l'Homme.

B – La conventionnalité du dispositif d'interdiction générale assimilé à un « choix de société »

La Cour européenne des Droits de l'Homme s'est exprimée sur la conventionnalité de ces dispositions dans l'arrêt S.A.S contre France du 1er juillet 2014. Au fil d'une décision d'une soixantaine de pages retraçant l'intégralité des débats ayant entouré l'adoption des dispositions législatives litigieuses, la Cour, après avoir rappelé l'état du droit international, recherché d'éventuelles équivalences dans le droit interne des États membres (Belgique, Espagne, Pays-Bas) puis retranscrit les avis des différentes organisations[1], procède à un examen approfondi des objectifs poursuivis par le législateur français. Le contrôle portait sur la conformité de la loi au regard du droit au respect de la vie privée et familiale[2], des libertés de penser, de conscience et de religion[3], de la

[1] Ex. Amnesty International, Liberty, Open Society Justice Initiative…
[2] Convention européenne de sauvegarde des droits de l'homme et des libertés fondamentales, Article 8.
[3] *Ibid.*, Article 9.

liberté d'expression des convictions[1] et enfin de l'interdiction des discriminations fondées sur l'appartenance religieuse[2].

Le texte de la Convention européenne de sauvegarde des droits de l'homme et des libertés fondamentales et la jurisprudence de la Cour européenne admettent que ces droits et libertés puissent être limités par la loi dès lors que les restrictions sont nécessaires « dans une société démocratique, à la sécurité publique, à la protection de l'ordre, de la santé ou de la morale publics, ou à la protection des droits et libertés d'autrui ».

Afin de statuer sur la conventionnalité, la Cour opère son classique contrôle de proportionnalité. Elle vérifie que les ingérences et restrictions alléguées sont réelles, qu'elles sont prévues par la loi et qu'elles sont motivées par des buts légitimes nécessaires à une société démocratique. Après avoir caractérisé l'ingérence que constitue une interdiction générale de se vêtir librement au regard du droit à la vie privée et de la liberté de religion[3], elle recherche quels sont les objectifs de ces dispositions législatives. À ce titre, elle vérifie si cette restriction poursuit un but légitime en analysant les arguments mobilisés par le gouvernement. Elle distingue selon deux buts.

Le premier est d'assurer la sécurité publique et fait partie des buts justifiant légitimement une restriction des droits et libertés énoncés aux articles 8 et 9 de la Convention[4]. La Cour exclut toutefois que ce but puisse motiver une mesure d'interdiction générale, dans la mesure où le même objectif aurait pu être « *atteint par une*

---

[1] *Ibid.*, Article 10.
[2] *Ibid.*, Article 14.
[3] CEDH, *SAS c. France*, n° 43835/11, 1er juillet 2014, §110.
[4] *Ibid.*, §115.

simple obligation de montrer leur visage et de s'identifier lorsqu'un risque pour la sécurité des personnes et des biens est caractérisé ou que des circonstances particulières conduisent à soupçonner une fraude identitaire. »[1]

Concernant le second but de « *respect du socle minimal des valeurs d'une société démocratique et ouverte* », elle le divise en trois objets : l'égalité entre les hommes et les femmes, la dignité de la personne humaine et les exigences minimales de la vie en société[2]. La Cour réalise alors un examen approfondi. Elle exclut que le principe d'égalité justifie une limitation de la liberté des femmes souhaitant porter le voile intégral et que le principe de dignité de la personne humaine puisse être opposé à une pratique désignée comme « l'expression d'une identité culturelle [et] qui contribue au pluralisme dont la démocratie se nourrit ». En revanche, concernant les exigences minimales de la vie en société, la Cour considère qu'il s'agit d'un but légitime et les assimile à un élément constitutif de la *protection des droits et libertés d'autrui*. Conséquemment, seule la préservation des exigences minimales de la vie en société semble suffisamment légitime pour justifier qu'une telle restriction soit apportée à la liberté de religion.

Les juges procèdent ensuite à l'examen de la nécessité de cette mesure dans une société démocratique. À l'occasion du rappel des principes généraux applicables à la liberté de conscience et de religion, ils semblent adopter un raisonnement différent de celui du législateur français et débutent en rappelant que la liberté de religion, incluant la liberté de manifester sa religion, est essentielle à la société démocratique. Qu'ainsi, si une limitation peut être

---

[1]*Ibid.*, §139.
[2]*Ibid.*, §116.

prévue dans le but de « concilier les intérêts des divers groupes et assurer le respect des convictions de chacun »[1], le législateur doit rester neutre, impartial et dépourvu de pouvoir d'appréciation sur la « légitimité des croyances religieuses ou des modalités d'expression de celles-ci »[2]. La Cour en profite pour rappeler que « pluralisme, tolérance et esprit d'ouverture caractérisent une société démocratique » et reconnaît que, s'il convient parfois de restreindre les libertés d'un groupe au profit des intérêts de la démocratie, il ne faut pas que la majorité en vienne à abuser de sa position. Elle défend l'idée selon laquelle l'essence de la société démocratique réside dans la « constante recherche d'un équilibre entre les droits fondamentaux de chacun »[3].

La Cour termine par l'examen de la proportionnalité au regard de l'objectif de préservation des conditions minimales de *vivre-ensemble* et délivre un raisonnement critique. Sur une dizaine de paragraphes, elle s'attache à dénoncer les conséquences d'une telle interdiction remettant en question l'opportunité liée au faible nombre de femmes qui se vêtissent d'une burqa et le dilemme moral pour les femmes dans une situation de conflits entre les normes religieuses et les normes étatiques, le poids psychologique lié au risque de la sanction pénale et enfin le fait que par cette interdiction, le législateur français « restreint d'une certaine façon le champ du pluralisme »[4].

Elle conclut pourtant en renvoyant aux arguments mobilisés par le gouvernement français et retient que celui-ci « entend protéger une modalité d'interaction entre les individus, essentielle à ses yeux pour l'expression non

---

[1]*Ibid.*, §126.
[2]*Ibid.*, §127.
[3]*Ibid.*, §128.
[4]*Ibid.*, §143 à 152.

seulement du pluralisme, mais aussi de la tolérance et de l'esprit d'ouverture ». Elle considère que l'interdiction est un « choix de société »[1] sur lequel elle « doit faire preuve de réserve dans l'exercice de son contrôle ».

Dans la mesure où il s'agit d'une question de politique générale donnant lieu à des divergences d'opinions, il appartient à l'organe tenant le « rôle du décideur national » de trancher. Or, cette interdiction émane du législateur et a été adoptée à la quasi-unanimité des suffrages exprimés dans les deux assemblées. Le Parlement français bénéficie donc d'une large marge d'appréciation que la Cour se refuse de sanctionner.

On peut dès à présent affirmer que ces exigences minimales de la vie en société, consacrées par le juge constitutionnel français, sont l'expression d'un ordre public *républicain à la française* qu'il appartient au législateur d'identifier. Cet ordre public social naît d'une conception renouvelée de l'ordre public composé de règles ayant pour finalité de garantir le *vivre-ensemble*.

Dans la mesure où elle repose sur des valeurs, par essence subjectives, l'interprétation du *vivre-ensemble* est contingente, c'est pourquoi le point de vue de la Cour européenne diffère de celui du législateur français. Or, à travers la sanction des *actes nuisibles à la vie en société*, le législateur français est chargé d'opérer des *choix de société* en consacrant toutes les règles qu'il considère essentielles au contrat social républicain.

---

[1] *Ibid.*, §153.

II – Les exigences minimales de la vie en société : un standard dogmatique aux contours extensibles

Stéphane Rials définit les standards dogmatiques comme ceux mettant « en œuvre un jugement sur la réalité » et tendant à « faire prévaloir ce qui est qu'à faire prévaloir ce qui devrait être »[1]. En ce sens, les exigences minimales sont mobilisées pour consacrer des obligations ou des prohibitions tendant à limiter les libertés personnelles reconnues à chacun.

Il relève de la compétence du législateur d'identifier les *normes sociales* françaises et, au besoin, d'élaborer des dispositifs de sanction des violations. C'est pourquoi, quelques années après la consécration constitutionnelle de ce standard dogmatique, on assiste à la résurgence des exigences minimales de la vie en société. D'abord, l'Observatoire de la laïcité tente de rattacher la sanction de la violation de ces exigences à des fondements existants (A), mais ces dispositifs étant jugés insuffisants, le législateur est à nouveau intervenu pour étendre largement le spectre de ces exigences (B).

A – La tentative de rattachement des exigences minimales à des fondements juridiques préexistants

Le 14 février 2017, l'Observatoire de la laïcité publie un communiqué ayant pour objet de rappeler le cadre légal permettant de sanctionner les agissements contraires aux exigences minimales de la vie en société. Cet observatoire, supprimé depuis, était placé sous la hiérarchie du Premier ministre et conseillait le Gouvernement sur le

[1] S. Rials, *Le juge administratif français et la technique du standard, Essai de typologie des standards de la jurisprudence administrative*, LGDJ, 1980, p. 143.

développement et l'implémentation de la laïcité dans les services publics[1]. Ce communiqué faisait état d'une « *montée des revendications communautaires* », conduisit l'Observatoire à proposer l'utilisation de dispositifs de droit pénal pour sanctionner la violation des exigences minimales de la vie en société.

Il présentait neuf fondements distincts, parmi lesquels on retrouve la contrainte d'exercice ou d'abstention d'exercice d'un culte par violence ou menace[2], les violences et atteintes à l'intégrité des personnes fondées sur des motifs religieux[3], la provocation à la haine et à la discrimination[4], les atteintes à la dignité humaine[5], le harcèlement moral au travail[6] ou entre concubins, partenaires ou conjoints[7]. Il prévoyait également les fondements liés à l'égalité femme-homme, aux entraves à l'exercice des libertés économiques fondées sur une discrimination religieuse, aux dérives sectaires ou enfin ceux liés aux menaces et intimidations.

Par interprétation a contrario, si l'on s'attache à identifier les comportements prohibés par les exigences minimales de la vie en société, on constate que ces dernières impliquent que chaque individu soit libre de pratiquer ou de ne pas pratiquer de religion, sans ingérences ou pressions extérieures ayant pour but de le détourner de ses croyances ou de le forcer à faire siennes des convictions religieuses.

---

[1] Article 1 et 2 du Décret n° 2007-425 du 25 mars 2007 créant un observatoire de la laïcité.

[2] Article 31 de la loi du 9 décembre 1905 concernant la séparation des Églises et de l'État.

[3] Article 222-1 du Code pénal.

[4] Ibid., Article R. 625-7 à R. 625-8-2.

[5] Ibid., Article 225-1 à 225-26.

[6] Ibid., Article 222-33-2.

[7] Ibid., Article 222-33-2-1.

Étonnamment, l'observatoire semble circonscrire les exigences minimales de la vie en société aux rapports interindividuels, ce qui n'était pas le cas concernant l'interdiction de dissimulation du visage dans l'espace public, dans la mesure où il s'agissait d'une norme sociétale s'imposant au détriment des droits de l'individu. On peut alors souligner le renouvellement original de la conception de ces exigences, compte tenu du fait qu'elles passent d'un standard de protection des valeurs de la société et des modalités d'interaction entre les individus à un standard de protection des droits et libertés personnels.

Dans la continuité, l'Observatoire de la laïcité rend, le 19 septembre 2017, un avis sur le suivi par les administrations et les collectivités locales des problématiques qui ont trait à la laïcité et au respect des valeurs de la République, de l'ordre public et des exigences minimales de la vie en société. À cette occasion, il recommande la mise en place d'une action commune aux différentes administrations.

Suivant ce conseil, le ministre de l'Intérieur a, par lettre de mission du 25 septembre 2017, chargé le préfet Gilles Clavreul de mettre en place un plan de relance des actions départementales en faveur de la laïcité. À l'issue d'une enquête d'environ 5 mois, durant lesquels se sont tenus des entretiens avec différents représentants d'autorités étatiques, déconcentrées et décentralisées, le rapport « Laïcité, valeurs de la République et exigences minimales de la vie en société. Des principes à l'action » est présenté en février 2018. Il en résulte une quinzaine de propositions tendant notamment à une meilleure formation des agents publics aux enjeux de laïcité, à la mise en place d'outils de diagnostic des incidents, mais également au conditionnement de l'attribution de subventions publiques à la signature d'un contrat d'engagement au respect et à la promotion des valeurs de la République.

Juridiquement, ce rapport n'ajoute pas aux exigences minimales de la vie en société. Il se contente d'expliciter le cadre légal rappelé par l'Observatoire un an auparavant et évoque les « problématiques mettant en évidence ou ayant pour origine l'expression d'une conviction ou d'une pratique religieuse qui, sans ressortir à une atteinte à la laïcité, mettent en jeu certains principes de vie en société ». Parmi ces principes, il cite notamment, l'égalité entre les femmes et les hommes, le bon fonctionnement des services publics, le respect de toutes les personnes indépendamment de leurs convictions ou de leur origine et également de la dignité des personnes. On comprend que les exigences minimales de la vie en société s'épanouissent en dehors des principes inhérents à la laïcité française. Ce sont des règles autonomes applicables à différents domaines dans un objectif de garantie du *vivre-ensemble*, prérequis fondamental à l'exercice des droits et libertés de tous et de chacun.

Les exigences minimales de la vie en société apparaissent alors clairement circonscrites aux enjeux d'encadrement de la liberté de religion dans la société française en dehors de toutes atteintes aux composantes classiques de l'ordre public. En d'autres termes, elles sont un standard dogmatique et politique ayant pour objet de rendre la société plus neutre religieusement à travers la consécration de principes et de valeurs considérés comme inhérents à la République française. Elles s'assimilent davantage à un argument politique mobilisé par les organes gouvernementaux et législatifs afin de justifier la limitation de libertés, et notamment de la liberté religieuse.

Conformément à la thèse soutenue par Valentin Gazagnes-Jammes, les exigences minimales de la vie en société ont pour objet de sanctionner les *actes nuisibles à la vie en société* en garantissant les règles inhérentes à l'idéal républicain de *vivre-ensemble*. Ces exigences peuvent certes conduire à une restriction des droits subjectifs des individus, mais le « *souci de préservation de la vie sociale* »[1] prime.

Les exigences minimales de vie en société apparaissent donc comme le pendant sociétal de la dignité de la personne humaine ayant pour objet de protéger la personne face aux dérives de la volonté individuelle. Alors que la dignité de la personne humaine tend à limiter les libertés personnelles dans un but de préservation du respect dû à l'être humain, les exigences minimales ont pour objet de protéger la société et, plus particulièrement, les valeurs fondamentales de la société républicaine face aux dérives excessives des droits subjectifs. En tout état de cause, ces deux fondements, à forte connotation dogmatique et morale, tendent à limiter la volonté individuelle au profit d'un intérêt supérieur.

Ce mouvement s'illustre encore davantage avec l'adoption de la loi confortant le respect des principes de la République le 24 août 2021.

B – L'extension législative récente des exigences de la vie en société à la sphère privée

À la suite du discours d'Emmanuel Macron, « La République en actes », prononcé le 2 octobre 2020, sur le thème des séparatismes, un projet de loi confortant le respect des principes de la République a été déposé en Conseil des ministres du 9 décembre 2020. Bien que ni le projet de loi ni le communiqué du Conseil des ministres ne fasse explicitement référence aux exigences minimales de la vie en société, elles apparaissent dans l'exposé des motifs, tantôt comme un instrument de garantie d'une

[1] V., Gazagne-Jammes, op. cit, p. 335.

« société démocratique pluraliste et apaisée »[1], tantôt comme un instrument de garantie de la dignité de la personne humaine[2]. Néanmoins, si elles sont mobilisées pour justifier l'adoption de nouvelles dispositions, elles n'apparaissent pas littéralement dans le texte initial du projet de loi.

À l'occasion de la première lecture devant l'Assemblée nationale et de l'examen par une commission spécialement instituée pour ledit projet de loi, la députée Annie Genevard dépose un amendement proposant de compléter l'intitulé du titre premier de la loi originellement intitulé « Garantir le respect des principes de la République ». La modification a été adoptée par un amendement du 7 janvier 2021 qui prévoit d'y accoler « et des exigences minimales de la vie en commun dans une société démocratique ». Cet amendement, motivé par la crainte d'un « contenu normatif trop vague »[3] a été inspiré de la décision n° 2010-613 DC du 7 octobre 2010.

Cette reformulation du standard dégagé par le Conseil constitutionnel, bien qu'adoptée par la commission, ne passera pas en séance publique. Le mercredi 3 février, l'amendement n° 2522 présenté par Mme Laurence Vichnievsky ayant pour objet de reprendre la formulation traditionnelle d'« exigences minimales de la vie en société » est adopté.

Si un débat s'est tenu autour de l'opportunité d'ajouter le respect de ces exigences au contrat d'engagement républicain signé par les fédérations et associations sportives bénéficiant de subventions publiques, l'idée n'a

---

[1] Étude d'impact, Projet de loi confortant le respect des principes de la République, NOR : INTX2030083L/Bleue, 8 décembre 2020, p. 6.
[2] *Ibid.*, p. 24.
[3] Amendement n° 20, présenté par Mme A. Genevard, M. É. Ciotti et autres le 7 janvier 2021.

toutefois pas été retenue. Bien qu'adoptée en première lecture devant l'Assemblée nationale[1], cette disposition a ensuite été modifiée par la commission des lois du Sénat. L'amendement n° COM-335, présenté par les sénatrices Jacqueline Eustache-Brinio et Dominique Vérien, plaidant en faveur de la suppression de la référence aux « exigences minimales de la vie en société » du fait de « la portée juridique [...] trop imprécise », a été adopté le 13 mars 2021. Ces exigences minimales, implicites et autonomes, sont donc jugées trop incertaines pour faire l'objet d'un engagement contractuel. On peut ici critiquer l'originalité de la motivation dans la mesure où elles sont trop imprécises pour faire l'objet d'un engagement contractuel, mais pas suffisamment imprécises pour être érigées en exigence constitutionnelle s'imposant unilatéralement aux organes de l'État et aux individus.

Le scrutin ayant conduit à l'adoption du texte final génère toutefois certains doutes. À la suite d'un désaccord de la commission mixte paritaire, le texte a été présenté en nouvelle lecture devant les chambres parlementaires. Devant l'Assemblée nationale, seuls 23 des 39 votants se sont exprimés en faveur de l'adoption du texte. Devant le Sénat, la Commission propose une motion opposant une question préalable. Elle sera adoptée à 205 voix contre 115 en séance publique du 20 juillet 2021, entraînant un rejet pur et simple du projet de loi sans être examiné en nouvelle lecture par le Sénat.

Le texte est ensuite retourné à l'Assemblée pour la lecture définitive. Sur 73 votants, 49 députés ont voté en faveur de l'adoption, 19 contre, et 5 se sont abstenus.

Si objectivement le texte final a été adopté conformément à la procédure législative, la faible

[1] Article 6, Projet de loi n° 565 adopté en première lecture par l'Assemblée nationale, le 16 février 2021.

adhésion à celui-ci est préoccupante dans la mesure où moins de 6% des parlementaires se sont, en définitive, clairement montrés favorables à l'adoption dudit projet de loi.

Le texte finalement adopté ne fait mention des exigences minimales de la vie en société qu'en guise d'intitulé du titre premier contenant 67 articles. Par conséquent, si l'on veut identifier les dispositifs liés aux exigences minimales de la vie en société, il faut s'attarder sur les différents objectifs des articles de ce premier titre et s'intéresser aux nouvelles interdictions consacrées.

Pour commencer, concernant les associations, l'une des propositions formulées par le rapport Clavreul, de conditionner l'attribution des subventions publiques aux associations à la souscription à un contrat d'engagement républicain,[1] a été consacrée. Ensuite, le législateur adopte diverses dispositions « relatives au respect des droits des personnes et à l'égalité entre les femmes et les hommes » parmi lesquelles on retrouve l'interdiction de discriminer les enfants selon leur genre à l'occasion des successions[2], l'impossibilité d'obtenir un document de séjour pour les étrangers en situation de polygamie[3] ou encore l'interdiction de délivrer des certificats de virginité[4]. Ainsi, l'élargissement de la notion opéré par la loi d'août 2021 démontre la labilité de ce standard se prétendant « minimal », mais couvrant, en réalité, de nombreux aspects de la vie des individus.

Les dispositions de cette loi viennent également témoigner du rapprochement entre exigences minimales de

---

[1] Article 12 de la loi n° 2021-1109 du 24 août 2021 confortant le respect des principes de la République.

[2] Ibid., Article 24.

[3] Ibid., Article 25.

[4] Ibid., Articles 30 et 34.

la vie en société et dignité de la personne humaine. Dans les deux cas, ces composantes de l'ordre public immatériel sont des fondements prééminents suffisants à motiver des limitations de liberté, d'autonomie et de choix des individus. Si le premier est circonscrit à la sphère publique, le second cherche à influencer les comportements des individus dans l'espace privé. Néanmoins, on peut considérer que c'est parce que ces agissements sont contraires aux exigences minimales de la vie en société française qu'ils sont considérés comme une atteinte à la dignité de la personne humaine. On peut supposer que si l'on mobilise une combinaison de ces deux standards d'ordre public, c'est pour multiplier les fondements de nature à justifier les restrictions de libertés. De ce fait, même si la volonté des individus neutralise, en principe, l'invocabilité de la dignité de la personne humaine, cela ne suffirait pas à se soustraire aux obligations et aux interdictions nouvellement consacrées dans la mesure où elles découlent des exigences minimales de la vie en société française.

Ces fondements, que l'on rattache à l'expression d'un ordre public immatériel, revêtent une valeur constitutionnelle et s'imposent à tous. Sur le modèle du pouvoir de police des autorités exécutives, ces nouvelles composantes justifient que le législateur limite certaines libertés publiques de valeur constitutionnelle.

En s'intéressant à la définition de l'ordre public immatériel délivrée par Marie-Odile Peyroux-Sissoko comme un « instrument de rééquilibrage des rapports entre l'individuel et le collectif placé entre les mains de l'autorité politique, notamment législative », on retrouve une conception proche de la fonction des exigences minimales de la vie en société. Dans sa conception restrictive, l'ordre public immatériel, sur le même modèle que les exigences minimales, est présenté comme une

« notion qui permet de restreindre les droits et libertés subjectifs individuels en dehors de tout trouble matériel en vue de la protection d'une exigence supérieure ». Dans sa conception extensive, il est présenté comme « *une notion de rééquilibrage de l'ordre juridique français par la prévalence et la protection d'un système axiologique composé de valeurs objectives qui ne peut être exclusivement réglementé par les règles régissant le système des droits et libertés individuels* »[1]. Il appartiendrait au législateur d'identifier les valeurs inhérentes à la société française et d'adopter les moyens nécessaires pour prévenir ou faire cesser toutes potentielles atteintes à ces valeurs.

Ainsi, les exigences minimales de vie en société, standard d'ordre public immatériel, social ou républicain consacré par le juge constitutionnel, sont présentées comme préalable fondamental à l'exercice des droits et libertés de tous. Elles sont un agrégat de règles qui formeraient un « code social » ayant pour « fonction principale d'assurer la capacité des individus à vivre ensemble »[2] à travers « un corps de règles tacites, qui engagent l'individu, lorsqu'il évolue en société, à être civil et civique »[3]. Ce corpus de règles tacites peut être ponctuellement explicité par le législateur à mesure des besoins sociétaux.

Bien que ce standard de valeur constitutionnelle ait initialement vocation à limiter les libertés des individus lorsqu'ils évoluent dans l'espace public, on observe qu'avec le temps, le législateur l'a étendu à la sphère privée et notamment aux rapports interindividuels. Au

---

[1] M.-O., Peyroux-Sissoko, « L'ordre public immatériel en droit public français », *LGDJ,* 2018, p. 525.
[2] V., Gazagne-Jammes, op. cit., p. 147.
[3]Ibid., p. 171.

nom de ces exigences minimales de la vie en société, certaines pratiques relevant de la sphère privée sont considérées comme des *actes nuisibles à la vie en société*. Il revient alors au législateur de faire cesser les comportements qu'il assimile à une atteinte aux *droits supra-fondamentaux,* considérés comme des exigences *sine qua non* de notre régime républicain de droits et libertés.

Titre 3 – L'exemple de la CNDA

Les standards juridiques en droit d'asile

Aurélien Camus

Maître de conférences en droit public

Le droit d'asile est un corpus normatif autonome qui a son propre langage et grammaire. Les vocables sont riches – réfugié, persécution, groupe social, vulnérabilité, protection subsidiaire, clauses d'exclusion, etc. De même, de nombreux standards juridiques ont été développés. En tant qu'instructions ou mécanismes d'une évaluation, les standards juridiques occupent nécessairement une place importante en droit d'asile, car l'octroi d'une protection internationale dépend de l'appréciation de la situation de la personne étrangère qui invoque des craintes de persécution en cas de retour dans son pays dont elle a la nationalité ou son lieu de résidence habituelle. Les standards juridiques se sont aussi multipliés, car un processus de standardisation du traitement des demandes d'asile[1] est à l'œuvre, notamment sous l'impulsion des organisations internationales et européennes. Le droit d'asile est animé par la recherche d'un traitement plus objectif des éléments des récits d'asile. Cette recherche d'objectivation permet de répondre à un enjeu

[1] D. Rosset, « Documenter les pays d'origine pour les procédures d'asile à l'Ofpra. 1988-2008 », Monde(s), 2019/1, n° 15, 2019. p. 117. V. aussi C. Engelmann, *Common Standards via the Backdoor. The Domestic Impact of Asylum Policy Coordination in the European Union*, Universitaire Pers Maastricht, 2015. V. Guiraudon, « Les effets de l'européanisation des politiques d'immigration et d'asile », Politique européenne, 2010/2, p. 7.

fondamental : il s'agit d'élever la qualité de l'office du juge et d'uniformiser le traitement des demandes d'asile[1].

Nourrie par le souci d'améliorer les conditions d'évaluation des demandes d'asile, la construction de standards s'est réalisée par étapes dont l'élaboration fait intervenir de nombreux acteurs : organisations internationales, instances nationales et européennes, juges français et européens. Par la diffusion, la circulation et la greffe de notions et de standards, une culture, un langage et une « grammaire » communs ont été érigés et partagés par l'ensemble des acteurs. C'est d'ailleurs une des particularités du contentieux d'asile : il y a un encadrement international et régional d'un contentieux local. Par exemple, l'intégration de l'orientation sexuelle comme motif de persécution a suivi un parcours long et sinueux dans le cadre de rapports dialogiques. Mais si ces efforts ont permis d'attribuer « une charge normative »[2] aux standards, en ce qu'ils s'imposent comme un système de langage commun et propre au droit d'asile, un point ne doit pas être occulté en raison de la place et de l'office du juge de l'asile français, qui est à la fois récepteur et émetteur de ce système de langage : la Cour nationale du droit d'asile (CNDA) intègre une certaine signification de différents standards tout en les travaillant et c'est par ce travail que se fixe *in fine* leur contenu. C'est pourquoi une exploration plus fine des standards nécessite d'analyser le cadre de leur usage et de leur mise en œuvre. Mais les différents standards en droit d'asile sont spécifiques. Certes, ils sont des instruments de mesure de faits sociaux,

---

[1] J. A. Sweeney, « Credibility, proof and refugeelaw », International Journal of Refugee Law, 2009, n° 4, p. 700 ; J.- M. Sauvé, « Intervention au colloque Le juge français de l'asile (1952-2012) », *La Documentation française*, coll. « Droits et Débats », 2014, p. 17.

[2] D. Mazeaud, « Sur les standards », *RDA*, févr. 2014, n° 9, p. 35.

mais ils ne sont pas « une mesure moyenne de conduite sociale correcte »[1]. En tant qu'outils d'appréciation des demandes d'asile, ils intègrent des méthodes et ils occupent des fonctions dans la lecture du dossier et des preuves pouvant être présentées par le requérant.

I – La construction des standards en droit d'asile

L'étude des standards en droit d'asile est un terrain de prédilection des analyses en droit global[2] ou en droit transnational[3], car les standards se construisent et évoluent dans un « continuum tissé d'interconnexions », entre des médiateurs (par ex. le HCR) et des acteurs (par ex. la Cour nationale du droit d'asile), en passant par des relais (par ex. les juges européens : CEDH et CJUE). Aussi, ce sont des standards qui circulent, diffusés par des canaux variés de communication, horizontaux et verticaux, ascendants et descendants, et qui sont réceptionnés par le juge français de l'asile.

---

[1] A. Tunc, « Standards juridiques et unification du droit », *RIDC*, 1970, n° 22-2, p. 247.

[2] M. Xifaras, « Après les théories générales de l'État : le droit global ? », *Jus Politicum*, n° 8 : « Le Droit Global est le produit de l'intensification de la circulation des concepts, des techniques, des arguments, des règles et des méthodes, aussi bien que des juristes eux-mêmes » ; C. Bricteux et B. Frydman (dir.), *Les défis du droit global*, Bruylant, coll. « Penser le droit », 2018.

[3] A. Geslin, « Avant-propos. La circulation des modèles normatifs ou la pensée juridique du mouvement », in P. Bourgues et C. Montagne, La Circulation des modèles normatifs, PUG, coll. « Droit et action publique », 2016, p. 1.

A – La circulation des standards

Des lignes directrices issues d'institutions diverses ont défini « des critères de qualité méthodologiques, substantiels et formels »[1]. Ce jeu de dialogue concerne particulièrement la notion de crédibilité qui est au cœur de l'évaluation des demandes d'asile. La crédibilité constitue, en effet, la clef de voûte du traitement de la demande d'asile. Elle a été décrite comme étant « souvent l'étape la plus importante »[2] pour déterminer le statut de réfugié. Bien plus, la crédibilité est le marqueur de la singularité du contentieux de l'asile « qui n'est pas un contentieux de la preuve, mais un contentieux de l'accréditation »[3]. En d'autres termes, « au-delà de la preuve »[4], la procédure de l'asile ne s'apparente pas seulement à une recherche de vérité, elle est aussi une affaire de croyance. Il n'est donc pas étonnant que la crédibilité soit au centre d'un dialogue entre les instances internationales et les instances nationales. Les travaux nationaux, en particulier ceux du Home office britannique et de la Commission de l'immigration et du statut de réfugié du Canada (CISR)[5], ont intégré ce langage, tout en lui attribuant des apports complémentaires. Ce mouvement d'aller-retour a ainsi contribué à sa structuration. Ce même mouvement

---

[1] D. Rosset, « Documenter les pays d'origine pour les procédures d'asile à l'Ofpra. 1988-2008 », préc.

[2]M. Kagan, « Is Truth in the Eye of the Beholder ?Objective CredibilityAssessment in RefugeeStatus Determination », Immigration Law Journal, n° 367, 2003, p. 367 (traduction par nos soins).

[3] M. Denis-Linton, « La CNDA : office singulier et juridiction spécifique ? », *in* J. Fernandez et C. Laly-Chevalier [dir.], *Droit d'asile*, Pédone, 2015, p. 119.

[4] UNHCR, *Au-delà de la preuve. Évaluation de la crédibilité dans les systèmes d'asile européens*, mai 2013, p. 9.

[5] CISR, Évaluation de la crédibilité lors de l'examen des demandes d'asile, 31 janvier 2004.

s'observe également au sein de l'Union européenne. La notion de crédibilité a fait l'objet de travaux d'ampleur qui ont étoffé le Guide des procédures et critères à appliquer pour déterminer le statut de réfugié. Des travaux ont été entrepris par le Comité Helsinki hongrois (HHC) qui se sont poursuivis dans un projet baptisé « *CREDO. TowardsImprovedAsylumDecisionMaking in the UE* », publié en 2012, associant le HCR, l'IARLJ (*International Association of Refugee Law Judges*) et l'ONG britannique (*AsylumAid*) et soutenu par le Fonds européen des réfugiés. Ces mêmes travaux ont été par la suite consolidés par le guide pratique de l'*European Asylum Support Office*[1] (actuellement EUAA, *european union agency for asylum*). L'ensemble réalise un effort de systématisation en mettant en relief une série de standards tout en enrichissant leur contenu. Par la création d'une culture commune, l'objectif est de figer une « notion à contenu variable »[2] par l'instauration de liens d'association (*i.e.* liens collocatifs), voire de synonymie entre différents termes ou notions.

La crédibilité est d'abord associée à la notion de cohérence (ou de cohésion) interne du récit. Pour caractériser celle-ci, le juge doit nécessairement prendre en compte la logique du récit, sa chronologie [3]ou l'absence de contradiction. La crédibilité peut ainsi être établie en raison d'une série d'éléments : la conformité entre le récit

---

[1] EASO, Guide pratique de l'EASO : Évaluation des éléments de preuve, mars 2015.

[2]C. Perelman et R. Vander Elst (dir.), *Les Notions à contenu variable en droit*, Bruylant, 1984.

[3] Par ex. CNDA, 19 févr. 2013, M. B., req. n° 12017790 : « les persécutions dont il aurait été victime à partir de 2009 ne peuvent être considérées pour avérées au vu des déclarations lacunaires et hésitantes tenues par l'intéressé à cet égard et à son incapacité à exposer la cohérence chronologique des faits allégués » (nous soulignons).

écrit et le récit oral, la spontanéité des réponses du demandeur, des propos précis tenus à l'audience, des éléments personnalisés témoignant d'un vécu ou des faits étayés par une série de documents judiciaires ou médicaux. La crédibilité peut aussi s'appuyer sur un autre indice, subsidiaire, qui joue un rôle palliatif en cas de difficulté du traitement du dossier : celui de la plausibilité. Il sous-tend alors un raisonnement davantage déductif, tant il est associé aux termes de « vraisemblance », de « caractère raisonnable », de « probabilité » et de « bon sens »[1].

Toutefois, au nom de la recherche de rationalisation, le centre de gravité du traitement de la crédibilité s'est néanmoins déplacé vers la recherche et la détermination d'éléments plus objectifs. Aussi, la caractérisation de la cohérence interne et de la plausibilité du récit se prolonge-t-elle dans celle de la cohérence externe[2], mentionnée également par le point (c) de l'article 4(5) de la directive « Qualification »[3]. Sa détermination implique un processus intellectuel quelque peu différent consistant à confronter la situation individuelle à la situation générale du pays étayée par toute une série de données géopolitiques[4]. Ces dernières contribuent à la compréhension de la situation d'un demandeur. Elles permettent aussi de placer le récit individuel d'un requérant dans un certain contexte

[1] UNHCR, *Au-delà de la preuve. Évaluation de la crédibilité dans les systèmes d'asile européens*, mai 2013, p. 9.

[2] UNHCR, *Guide des procédures et critères à appliquer pour déterminer le statut de réfugié au regard de la Convention de 1951 et du Protocole de 1967 relatifs au statut des réfugiés*, janv. 1979, Rééd. janv. 2011, pt. 42.

[3]Dir. 2011/95/UE du Parlement européen et du Conseil du 13 décembre 2011 : JOUE L 337.

[4] V. sur ce point, pt. 42 du guide des procédures et critères à appliquer pour déterminer le statut de réfugié au regard de la Convention de 1951 et du Protocole de 1967 relatifs au statut des réfugiés.

sociologique, économique, religieux et politique plus global, propre au pays d'origine, qui est le cadre d'analyse des persécutions[1]. Mais si l'analyse de la situation géopolitique est indéniablement une étape « indispensable pour apprécier la crédibilité de la demande »[2], elle est tributaire de la qualité des sources consultées.

Le standard de la crédibilité a été complété par deux autres standards qui assurent le rôle de clefs de lecture des différents éléments du dossier : l'intime conviction et le bénéfice du doute ; deux standards qui peuvent mobiliser un raisonnement présomptif. Le terme de « l'intime conviction » n'est pas présent dans les énoncés textuels. Pour reprendre les mots de Joseph Krulic, il joue un rôle de « passager clandestin »[3]. Le constat est identique au sujet du « bénéfice du doute ». Ni la CNDA[4] ni le Conseil d'État [5]n'ont accueilli l'argument selon lequel le principe du bénéfice du doute est le corollaire du principe de non-refoulement tiré de l'article 33 de la Convention de Genève. De manière générale, ils n'ont mobilisé aucun énoncé pour lui fournir un fondement textuel[6]. Mais, à l'instar de la crédibilité, le bénéfice du doute est mentionné pour la première fois dans le guide pratique du

---

[1] Par ex. CNDA, 22 oct. 2013, M. B., req. n° 12012350 : « quant aux craintes actuelles de persécutions qu'il invoque en cas de retour, apparaissent cohérentes avec le contexte particulier prévalant dans son pays d'origine ».

[2] M. Denis-Linton, « Demande d'asile et crédibilité », *inL'exigence de justice. Mélanges en l'honneur de Robert Badinter*, *op. cit.*, p. 349.

[3] Cité par A. Le Pors, « L'intime conviction du juge de l'asile », 9 mars 2012.

[4] CNDA, 19 sept. 2016, M. B., req. n° N°16014945.

[5] CE, 26 janv. 2018, M. et Mme B., req. n° 397611.

[6] CNDA, 19 sept. 2016, M. B., préc. : « force est de constater qu'aucune stipulation de droit international, en particulier aucune stipulation de la Convention de Genève ne consacre juridiquement [le principe du bénéfice du doute] ».

HCR publié en 1979 et a fait l'objet de consolidations successives au gré de ses différentes éditions. À ce titre, l'emprunt au vocabulaire pénal et sa transposition dans le monde de l'asile peuvent être perçus comme participant « au soupçon jeté ces dernières années sur le demandeur d'asile, coupable en puissance, suspect par sa sollicitation »[1]. Malgré tout, son usage récurrent par les différents acteurs ne manque pas de pertinence, puisqu'il paraît comme un standard consubstantiel à l'office de juge de l'asile[2] dans sa compréhension du récit d'asile. Quoi qu'il en soit, l'édification de ces différents standards permet la construction d'un « îlot de connaissances non contestées »[3], du moins admis par les différents médiateurs et acteurs en droit d'asile[4].

B – La réception des standards

Les indices « de la crédibilité » ont acquis une « force normative », particulièrement avec le relais du droit européen. L'article 4(5) de la directive

---

[1] F. Greslier, « La Commission des Recours des Réfugiés ou "l'intime conviction" face au recul du droit d'asile en France », Revue européenne des migrations internationales, vol. 23, n°2, 2007. V. aussi, D. Lochak, *Étrangers de quel droit ?* PUF, coll. « Politiques d'aujourd'hui », 1985 ; C. Rousseau et P. Foxen, « Le mythe du réfugié menteur : un mensonge indispensable ? », *L'Évolution psychiatrique*, 22 août 2006, p. 505.

[2] J.-M. Belorgey, « L'asile et l'intime conviction du juge », *Plein droit*, 2004/1, n° 59-60, p. 59.

[3] M. Bartl, « Internal Market Rationality, Private Law and the Direction of the Union : Resuscitating the Market as the Object of the Political », *European Law Journal*, 2015, vol. 21, n° 5, p. 574.

[4] Le standard de crédibilité et sa signification ont été intégrés, par exemple, par les travailleurs sociaux intervenant auprès des demandeurs d'asile. V. sur ce point les recommandations de France Terre d'asile, *Guide pratique. L'aide aux dossiers de demande d'asile*, *Les cahiers du social*, n° 17, p. 143 et s.

« Qualification »[1] ainsi que les jurisprudences de la Cour de justice de l'Union européenne et de la Cour européenne des droits de l'Homme ont joué à cet égard un rôle déterminant. Au-delà de ces véhicules normatifs, les indices de reconnaissance de la crédibilité ont acquis une « force référentielle ». Par leur diffusion, leur rayonnement ou leur circulation par divers canaux, ils s'imposent en tant que « modèle ou [...] référence dans le système juridique »[2]. Par ailleurs, l'autorité des différents indices de crédibilité résulte d'un processus collaboratif – mentionné plus haut –, entre les acteurs nationaux et internationaux, processus qui facilite la mise en place d'une « éthique de discussion »[3] propre à créer un certain consensus autour de la signification de la crédibilité. Ainsi, derrière la circulation de standards, se dévoile celle des modes de raisonnement. Particulièrement, la force référentielle des différents guides ou de la jurisprudence européenne réside en ce que sont érigées des structures-types de raisonnement, comprenant elles-mêmes des sous-structures de raisonnement[4].

---

[1] Art. 4(5) de la directive 2011/95/UE du Parlement européen et du Conseil du 13 décembre 2011 concernant les normes relatives aux conditions que doivent remplir les ressortissants des pays tiers ou les apatrides pour pouvoir bénéficier d'une protection internationale, à un statut uniforme pour les réfugiés ou les personnes pouvant bénéficier de la protection subsidiaire, et au contenu de cette protection.

[2] C. Thibierge (dir.), *La force normative. Naissance d'un concept*, Paris, LGDJ, 2009.

[3] J. Habermas, *De l'éthique de la discussion*, Flammarion, coll. « Champs essais », 2013.

[4] Sur le rôle inférentiel d'un concept, v. V. Réveillère, *Le juge et le travail des concepts juridiques. Le cas de la citoyenneté européenne*, Institut Universitaire Varenne, coll. « Thèses », 2018, p. 59 et s. ; J.-Y. Cherot. « Le tournant méthodologique en philosophie du droit », *in Le droit entre autonomie et ouverture. Mélanges en l'honneur de Jean-Louis Bergel*, Bruylant, 2013, p. 29.

Le guide pratique de l'AUEA (ex. EASO) est, à ce titre, révélateur. Au sujet de l'appréhension de la cohérence d'un récit, un test en quatre étapes pose les différentes questions qui servent d'orientation sur la manière de saisir la crédibilité[1]. D'abord, il est posé la question de savoir s'il existe « des incohérences/divergences entre les récits faits par le demandeur ou entre le(s) récit(s) et d'autres éléments de preuve présentés par le demandeur ? ». Ensuite, il convient de se demander si « ces incohérences/divergences concernent les faits pertinents et aboutissent à une conclusion claire et définitive que les éléments de preuve produits par le demandeur n'ont pas de crédibilité interne ». Si ce n'est pas le cas, l'agent responsable doit s'inquiéter de savoir s'il « a donné au demandeur la possibilité d'expliquer ou de clarifier les incohérences ou les divergences ». Enfin, une dernière question concerne le point de savoir si les explications fournies par le demandeur sont raisonnables et justifient les incohérences ou divergences. Ces mêmes structures de raisonnement se diffusent et se déclinent dans des travaux portant sur des objets plus spécifiques, à l'instar du guide, porté par le HCR, sur l'évaluation de la crédibilité des demandes d'asile présentées par les enfants au sein de l'Union européenne[2]. L'architecture générale des raisonnements reste préservée. Néanmoins, certains éléments sont adaptés afin d'embrasser les problématiques particulières liées, par exemple, au traumatisme et à la vulnérabilité des mineurs[3].

---

[1] EASO, Guide pratique de l'EASO : Évaluation des éléments de preuve, mars 2015, pt. 2.2.1.2, p. 11.

[2] UNHCR, Au Cœur des faits : évaluation de la crédibilité des demandes d'asile présentées par les enfants au sein de l'Union européenne, Juin 2017.

[3]Sur cette question, v. J. M. Pobjoy, *The child in international refugee law*, Cambridge University Press, 2017.

La Cour nationale du droit d'asile est partie prenante du « jeu de langage »[1] autour de la crédibilité. Elle a donc progressivement intégré sa sémantique et sa syntaxe. C'est d'ailleurs loin d'être un hasard. L'un des enjeux récents du traitement des demandes d'asile est d'extérioriser le processus qui guide le juge. Sur le modèle de la rédaction des jugements pris par les juridictions anglo-saxonnes[2], un effort a été porté sur la motivation des décisions de la Cour nationale du droit d'asile[3], sous le patronage du Conseil d'État et aiguillé par la jurisprudence de la Cour européenne des droits de l'homme. L'amélioration de la motivation concerne autant les éléments de droit que les éléments de fait qui constituent le fondement de la décision. L'effort de motivation s'est traduit par un renforcement de la démonstration dans le dispositif de la décision. Ceci est passé par une amélioration notable de la rédaction des jugements et par le recours à un champ lexical plus riche. La rédaction use des termes de « spontanéité »[4], de « lacunaire » ou de « personnalisé », de « faits établis ou non », de « dires probants »[5], de « propos généraux », « élusifs »[6] ou « circonstanciés »[7], de

[1] Pour reprendre l'expression de V. Réveillère, *Le Juge et le travail des concepts juridiques*, *op. cit.*, p. 50.

[2] V. sur ce point la position de l'autorité canadienne, CISR, Section de la protection des réfugiés, *Évaluation de la crédibilité lors de l'examen des demandes d'asile*, 31 janv. 2004.

[3] M. Denis-Linton, « Demande d'asile et crédibilité », in L'Exigence de justice. Mélanges en l'honneur de Robert Badinter, *op. cit.*, p. 344.

[4] Par ex. CNDA, 31 juill. 2017, M. S., req. n° 14028401 : « elle a notamment su expliquer, avec sincérité et spontanéité, le cheminement spirituel qui a été le sien depuis ses études universitaires et la corrélation entre la dégradation de la place des femmes au sein de la société iranienne depuis la chute du Shah d'Iran et sa volonté d'adhérer à un culte prévoyant les mêmes droits pour les femmes et les hommes » (nous soulignons).

[5] Par ex. CNDA, 30 août 2018, M. M., req. n° 17008140.

[6] Par ex. CNDA, 7 oct. 2014, M. D., req. n° 13003572.

« déclarations confuses »[1], de « déclarations incohérentes » ou « cohérentes »[2], de « précisions plausibles »[3], d'« explication construite et crédible »[4], de « propos constants »[5], ou de « discours fourni et cohérent »[6]. Autant de termes qui offrent des clefs de lecture et qui explicitent les éléments de la qualification juridique du dossier. Si, un temps, le constat suivant lequel la rédaction des décisions de la Cour nationale du droit d'asile ne mentionnait que le résultat final du processus de qualification, sans détailler les différentes étapes, a pu être fait[7], les décisions font depuis œuvre de pédagogie en mentionnant davantage l'ensemble des éléments qui ont été pris en considération et le cheminement qui a conduit à la caractérisation de la crédibilité[8]. De même, sous l'impulsion des travaux internes à la CNDA, la structure de la décision reflète avec plus de clarté les différentes composantes de la crédibilité.

---

[7] Par ex. CNDA, 22 oct. 2013, M. B. req. n° 12012350.

[1] Par ex. CNDA, 13 oct. 2017, Mme M. T., req. n° 17027362.

[2] Par ex. CE, 28 nov. 2011, Ministre de l'intérieur, de l'Outre-mer, des collectivités territoriales et de l'immigration, req. n° 343248.

[3] Par ex. CNDA, 18 oct. 2018, M. H. O., req. n° 18000211.

[4] Par ex. CNDA, 16 nov. 2018, req. n° 17048004.

[5] CNDA, 11 février 2019, M. M. n° 18032382.

[6] Par ex. CNDA, 3 juill. 2018, req. n° 18003724.

[7] C. Lantero, « La motivation des décisions en matière d'asile », *in* J. Fernandez et C. Laly-Chevalier (dir.), Droit d'asile, Pédone, 2015, p. 247.

[8] CNDA, 4 mai 2010, M. A, req. n° 09014657 : « considérant enfin qu'en tant qu'elles se caractérisent par un haut degré de précision et de cohérence et qu'elles s'accordent de façon objective à la situation ci-dessus exposée, les déclarations faites en séance publique devant la Cour par M. A permettent, s'ajoutant aux pièces du dossier, de considérer comme établi que celui-ci a fait l'objet de persécutions de caractère à la fois ethnique et religieux » (nous soulignons).

II – La singularité des standards en droit d'asile

Le droit d'asile a donc gagné en contenu par l'apport de standards complémentaires et secondaires, qui l'enrichissent et le structurent. Mais ces différents standards ne sont pas « des pôles de référence construits autour d'un comportement moyen, de l'attitude qui serait celle d'un individu moyen, qui par définition n'est personne, mais un peu chacun »[1]. Le contentieux d'asile n'est pas le lieu de la « normalité »[2]. Il ne s'agit donc pas non plus de tracer une « limite entre du permis et du fautif »[3], comme les standards en droit d'asile n'impliquent pas « des valeurs transcendantales considérées *a priori* comme normales, morales ou rationnelles »[4]. L'utilisation des standards est toujours le moment d'une appréciation subjective du juge, mais, en droit d'asile, les standards ont également vocation à rationaliser et à cadrer cette subjectivité.

A – L'appréciation d'une situation géopolitique

Les standards sont utilisés pour qualifier des situations géopolitiques ; processus de qualification indispensable pour répondre à des demandes d'asile. C'est

---

[1] Y. Gaudemet, Les Méthodes du juge administratif, LGDJ, 1972, rééd. 2014, coll. « Anthologie du Droit », p. 47.

[2]Évidemment sur lien entre les standards et la normalité, v. S. Rials, *Le Juge et le standard juridique. Essai sur le traitement juridictionnel de l'idée de normalité*, LGDJ, 1980, n° 93 : les standards visent « à permettre la mesure de comportements et de situations en termes de normalité ». V. aussi N. Blanc, « Le juge et les standards juridiques », *RDC*, 2016, p. 394.

[3] Y. Gaudemet, Les méthodes du juge administratif, op. cit., p. 47.

[4]S. Rials, *Le Juge et le standard juridique. Essai sur le traitement juridictionnel de l'idée de normalité*, op. cit., p. 3.

particulièrement le cas en matière d'octroi d'une protection subsidiaire. Pour rappel, selon l'article L. 512-1 CESEDA, « le bénéfice de la protection subsidiaire est accordé à toute personne qui ne remplit pas les conditions pour se voir reconnaître la qualité de réfugié, mais pour laquelle il existe des motifs sérieux et avérés de croire qu'elle courrait dans son pays [...] s'agissant d'un civil, une menace grave et individuelle contre sa vie ou sa personne en raison d'une violence qui peut s'étendre à des personnes sans considération de leur situation personnelle et résultant d'une situation de conflit armé interne ou international ». Le Conseil d'État et la CNDA ont apporté des précisions sur la notion de conflit armé, procédé à des classifications et fixé les critères sur le fondement desquelles une personne publique peut être protégée au titre de la protection subsidiaire. De ce point de vue, la classification de l'intensité des conflits armés est déterminante en ce qu'elle conditionne le traitement de la demande de protection. Plus le conflit est intense, moins il est nécessaire d'identifier des éléments d'individualisation propres à la personne intéressée. Selon la formule désormais bien ancrée, « l'existence d'une menace grave, directe et individuelle contre la vie ou la personne d'un demandeur de la protection subsidiaire n'est pas subordonnée à la condition qu'il rapporte la preuve qu'il est visé spécifiquement en raison d'éléments propres à sa situation personnelle dès lors que le degré de violence généralisée caractérisant le conflit armé atteint un niveau si élevé qu'il existe des motifs sérieux et avérés de croire qu'un civil renvoyé dans le pays ou la région concernés courrait, du seul fait de sa présence sur le territoire, un risque réel de subir ces menaces »[1]. Le Conseil d'État a encore rappelé que l'appréciation de la zone de conflit

---

[1] Au sujet des civils en provenance de la région de Gao au Mali, v. CNDA, 7 févr. 2023, M. D., n° 22025498.

armé concerne aussi bien la région de provenance que le point d'entrée du pays concerné. Au sujet de la Somalie, dans l'arrêt du 19 nov. 2002, le juge de cassation annule la décision de la CNDA, car cette dernière a omis d'apprécier « les menaces auxquelles [le requérant] serait exposé en cas de retour dans son pays en raison du contexte de violence aveugle existant non seulement dans la région du Bas-Juba, qu'il disait être son lieu de résidence habituelle, mais également à Mogadiscio, seul point d'entrée en Somalie »[1].

La taxinomie des conflits armés a évolué. Le nuancier a été peaufiné, mais il reste, à première vue, quelque peu byzantin. La notion autonome de conflit armé propre au droit d'asile est combinée avec le standard de l'intensité, la classification désormais de mise consiste à distinguer le conflit armé, le conflit armé engendrant une violence aveugle, le conflit armé engendrant une violence aveugle de haute intensité (ou « élevée ») et le conflit armé engendrant une violence aveugle d'une intensité exceptionnelle. Les frontières sont parfois ténues, ne serait-ce, par exemple, entre un conflit qui engendre une intensité élevée et celui qui engendre une intensité exceptionnelle. Les sources, leur multiplicité et leur fraîcheur sont, de ce point de vue, déterminantes. La méthode employée l'est tout autant. À la suite de l'arrêt du Conseil d'État[2], la CNDA vise, de manière récurrente[3],

[1] CE, 19 oct. 2022, req. n°450833.

[2] CE, 9 juill. 2021, M. B., req. n° 448707.

[3] Par ex. CNDA, 30 déc. 2022 et 6 janv. 2023, M. T., M. M., Mme C., MM. A. et Mme K. n° 22001393, 21048216, 21060196, 21063903-22002736 et 21041482 ; CNDA, 10 janv. 2023, M. H. n° 21056916 – Mme K. n° 21050761 – Mme et M. M. n° 22009685, 22009721 - M. Z., n°21064954 ; CNDA, 7 févr. 2023, M. D., n° 22025498 ; CNDA, 14 févr. 2023, M. S., n° 22023959 ; CNDA, 8 mars 2023, Mme P., n° 21016856 ; Mme L et M. R., n° 21057060 ; Mme et M. S., n° 22007730 et 22006590.

l'arrêt de la CJUE du 10 juin 2021[1] en date du 10 juin 2021. Le nombre de victimes n'est pas le seul élément déterminant. La mesure de l'intensité d'un conflit armé implique « une prise en compte globale de toutes les circonstances du cas d'espèce, notamment de celles qui caractérisent la situation du pays d'origine du demandeur, par exemple, outre des critères quantitatifs relatifs au nombre de victimes, l'intensité des affrontements armés, le niveau d'organisation des forces armées en présence, la durée du conflit, l'étendue géographique de la situation de violence, ou l'agression éventuellement intentionnelle contre des civils exercée par les belligérants ». La décision de la CNDA en date du 7 février 2023 est particulièrement illustrative. Au sujet de la région de Gao au Mali, la motivation soignée souligne les caractéristiques du conflit armé, les problèmes d'insécurité endémiques, les déplacements de population touchant 12,9 millions de personnes, les fermetures à grande échelle des écoles, le nombre de victimes, les enlèvements récurrents d'enfants et les violences sexuelles à l'encontre des femmes. L'ensemble de ces données conduit à estimer que la région est en proie à une situation de violence aveugle d'une intensité exceptionnelle.

Au sujet de l'Afghanistan, la CNDA a éprouvé des difficultés à appréhender la nouvelle situation géopolitique depuis le coup d'État des talibans en août 2021. Elle a mobilisé classiquement les motifs conventionnels (religieux, politiques ou ethniques), construit une jurisprudence à partir du critère de l'occidentalisation (analysé comme un motif politique imputé), exploré une possibilité d'un élargissement de la protection subsidiaire

[1] CJUE, 10 juin 2021, DN c/ Bundesrepublik Deutschland, C 901/19. V. aussi CEDH, 28 juin 2011, Sufi et Elmi c. Royaume-Uni, n° 8319/07 et 11449/07 ; CEDH, 5 sept. 2013, K.A.B. c. Suède, n° 886/11.

de type 2[1], mais la parenthèse s'est rapidement refermée. Toutefois, il restait la question de la persistance de conflits armés sur le territoire de l'Afghanistan. Si certaines formations de jugement analysaient la prise de pouvoir des talibans comme actant la fin des conflits armés, cette analyse n'a pas résisté à l'évolution de la situation géopolitique. En appuyant sur un rapport de l'Agence de l'Union européenne pour l'asile (AUEA) de janvier 2023[2], la CNDA estime que les provinces de Badakhshan, Baghlan, Balkh, Kaboul, Kapisa, Kunar, Kunduz, Nangarhar, Panchir, Parwan et Takhar (situés dans l'est du pays), ainsi que la province de Kandahar, située au sud, sont touchées par une situation de violence aveugle. Il considère aussi que la violence qui affecte la province du Panjshir, haut lieu de résistance contre les forces talibanes, est plus élevée, sans pour autant être exceptionnelle[3]. Pour justifier ces qualifications, l'argument principal est « qu'une part significative des victimes civiles de cette violence résulte, dans ces provinces, d'attaques ciblées », et donc non généralisées. Même si le juge renvoie au rapport de l'AUEA, la motivation est légère et aurait mérité quelques apports complémentaires, au moins pour saisir la place singulière de la province du Panjshir. Dans tous les cas, les demandeurs, en provenance de ces régions, doivent toujours faire la démonstration d'éléments d'individualisation. Mais la distinction entre un conflit armé engendrant une violence aveugle et celui

[1] art. L. 512-1 CESEDA : « le bénéfice de la protection subsidiaire est accordé à toute personne qui ne remplit pas les conditions pour se voir reconnaître la qualité de réfugié, mais pour laquelle il existe des motifs sérieux et avérés de croire qu'elle courrait dans son pays un risque réel de subir l'une des atteintes graves suivantes : […] 2) la torture ou des peines ou traitements inhumains ou dégradants »

[2] https://euaa.europa.eu/publications/country-guidance-afghanistan-january-2023.

[3] CNDA, 14 févr. 2023, M. S., n° 22023959.

engendrant une violence d'une intensité élevée prend ici tout son sens, car elle conditionne la prise en compte des éléments d'individualisation. Aussi, le juge de l'asile est davantage exigeant dans la première hypothèse que dans la seconde. Pour justifier les besoins de protection d'une personne en provenance d'une zone de conflit armé d'une intensité élevée, la Cour retient tout élément d'individualisation. Pour les autres régions, le juge exige « un niveau élevé d'éléments individuels […] pour justifier les besoins de protection subsidiaire », tels qu'une situation de handicap ou une activité professionnelle spécifique.

Les standards de type méthodique permettent ainsi de saisir une situation géopolitique, mais aussi la situation personnelle de la personne qui exerce une demande d'asile.

B – L'appréciation d'une situation personnelle

Les standards peuvent être, en premier lieu, des instruments de quantification des risques de persécution. Il s'agit particulièrement du taux de prévalence (*i.e.* la quantification du risque d'excision) utilisé dans le cadre de l'analyse du groupe social des filles risquant des mutilations génitales. Pour déterminer les taux de prévalence, la Cour nationale du droit d'asile vise la nationalité, la région, l'âge et l'ethnie de la requérante. Par exemple, le taux de prévalence peut varier, selon les sources publiques, entre 32,5 % et 41,6 % pour une enfant de nationalité nigériane d'ethnie Essan et en provenance de l'État d'Edo[1]. Ce taux de prévalence est d'environ 65 % pour une femme de nationalité ivoirienne, d'ethnie

[1] CNDA, 23 octobre 2017 Mlle E., n° 16029780.

dioula et appartement à la communauté musulmane[1], alors qu'il est de 13,7 % pour les femmes de nationalité gambienne et d'ethnie Wolof. Il reste que, si le taux de prévalence repose sur des éléments objectifs[2], les conséquences qu'en tire le juge sur la situation de la requérante dépendent de son appréciation. Ainsi, la détermination de ce groupe social est à géométrie variable[3].

Le juge de l'asile joue un rôle actif dans l'appréhension du dossier. Son office s'exprime par le travail intellectuel de reconstruction de morceaux éclatés par le traumatisme du demandeur ou par les questions posées par l'officier de protection. C'est le propre « de toute construction narrative »[4]. Or « pour rendre [les] souvenirs objectifs, les traduire en une histoire logique racontable, [le juge] doit les reconstruire »[5]. Pour reprendre les mots de H. Isnard, « le juge de l'asile n'est pas un témoin, mais doit, au contraire, solliciter le témoignage et le reconstruire, le déterritorialiser, et peut-être, de manière provocatrice, le dépersonnaliser, afin de dire le droit »[6]. De prime abord, ce processus peut se comprendre comme un travail d'objectivation d'un vécu. Mais c'est dans ce travail de

---

[1] CNDA 19 avril 2017 Mme C. n° 16034664.

[2] Toutefois, la méthodologie de la détermination du taux de prévalence prête à discussion. V. sur ce point, A. Andro, et M. Lesclingand. « Les mutilations génitales féminines. État des lieux et des connaissances », *Population*, n° 2, 2016, p. 224.

[3] D. Guinard, « Homosexualité, groupe social et dénaturation des pièces du dossier : retour sur les contours de l'office du juge de cassation dans le contentieux de l'asile », *DA*, n° 4, avril 2017, étude 6.

[4] P. Ricœur, *Temps et récit*, t. I, Le Seuil, 1983, p. 17.

[5] M. Doat, « Le jugement comme récit », *in L'office du juge*, coll. « Les Colloques du Sénat », Paris, 2006, p. 396.

[6] H. Isnard, « Le récit du réfugié est-il une fiction ? », *Topique*, vol. 114, n° 1, 2011, p. 107.

reconstruction que se loge en partie la subjectivité du juge, même sa créativité. Le juge de l'asile peut déformer une réalité, lorsqu'il établit un lien de causalité entre différents événements, lorsqu'il déduit à partir de certains faits des conséquences éventuelles sur la situation de demandeurs ou bien lorsqu'il produit des hypothèses sur le parcours du requérant. La reconfiguration narrative d'un récit d'asile peut être « l'opposant structuré de l'expérience temporelle »[1] et personnelle du demandeur. C'est pourquoi les méthodes élaborées tendent non à nier la subjectivité du juge de l'asile, mais à l'organiser par l'apport de standards complémentaires qui guident le juge dans l'appréhension de la crédibilité du récit et dans la détermination des fonctions que celle-ci peut jouer dans la lecture des éléments d'un dossier.

C'est dans cette optique que se situe l'intérêt du « bénéfice du doute » qui joue une fonction instrumentale : il est une technique d'établissement de faits, en ce qu'il se présente comme le viatique d'une présomption simple de crédibilité d'un récit[2], à condition que le récit soit déjà étayé par un faisceau d'indices. Il est le support d'un déplacement de l'objet ou de la charge de la preuve[3], en complément du caractère inquisitorial de la procédure. Il constitue une norme d'interprétation qui permet de neutraliser l'ambiguïté de la rédaction de l'article 4.1 de la directive « Qualification » suivant laquelle il « appartient à

---

[1] L. Tengelyi, « Refiguration de l'expérience temporelle selon Ricœur », *Archives de Philosophie*, 2011, p. 611.

[2] HCR, Guide des procédures et critères à appliquer pour déterminer le statut de réfugié au regard de la Convention de 1951 et du Protocole de 1967 relatifs au statut des réfugiés, janv. 1979, Rééd. janv. 1992, pt. 196.

[3] Sur cette distinction, v. F. Terré, Introduction générale au droit, 10e éd., Dalloz, coll. « Précis », 2015, p. 493.

l'État membre d'évaluer en coopération avec le demandeur, les éléments pertinents de la demande »[1].

De même, le standard de « plausibilité » est mobilisé par le juge dans son travail de reconstitution du récit. Mais il ressort de la jurisprudence de la CNDA que la détermination de la plausibilité d'une situation ou d'un contexte ne constitue que le processus préalable à l'établissement des faits, processus qui doit être corroboré par d'autres éléments[2]. Selon les différents guides, le juge ne doit pas élaborer ses propres hypothèses sur la manière dont le demandeur aurait dû se comporter. Il est donc exclu qu'il se fonde sur des « standards comportementaux », qui présentent les mêmes caractéristiques que celui du « bon père de famille », justement construits autour de la normalité. Il doit aussi exclure une démarche fondée sur la construction implicite d'un « persécuteur raisonnable » ou d'une « bonne victime » hypothétique permettant de juger de la plausibilité des actes. Les demandes ne doivent pas être rejetées simplement parce que le juge a imaginé un « meilleur » moyen d'avoir mené à bien la prétendue persécution ou une autre possibilité d'échapper à ces mêmes persécutions. Une fois de plus, la normalité n'a pas sa place dans le contentieux de l'asile.

---

[1] Art. 4(5) de la directive 2011/95/UE du Parlement européen et du Conseil du 13 décembre 2011, préc. V. aussi sur ce point, CNCDH, Avis sur le projet de loi relatif à la réforme de l'asile, 20 nov. 2014 (pt. 58).

[2] Par ex. CNDA, 29 oct. 2018, Mme A., req. n° 16040286 (requérante de nationalité centrafricaine) : « s'il apparaît plausible que la mère et sœur de la requérante aient perdu la vie dans le contexte des violences ayant accompagné l'entrée des ex-Sélékas à Bangui au mois de mars 2013, il ne peut en revanche être admis que ces décès auraient eu pour cause un quelconque profil particulier de sa famille ». V. aussi, CNDA, 19 avril 2017, Mme C., req. n° 1603466.

Deuxième partie

« L'hétérogénéisation » des standards dans un ordre juridique complexe

Titre 1 – Le développement de la norme par des standards concurrents

La modicité et le prix abordable : deux standards d'accessibilité aux services d'intérêt général, vecteur d'un dialogue institutionnel ?

Envel Favennec

Doctorant en droit public

La question de l'accessibilité, y compris économique, aux services d'intérêt général a toujours animé les politiques concernant les services publics, en témoignent les jurisprudences anciennes du Conseil d'État concernant les différences tarifaires en fonction des ressources des usagers[1]. Malgré cette ancienneté, l'accessibilité économique des activités d'intérêt général a connu un apport de l'Union européenne avec le développement de la notion de Services d'Intérêt Général (SIG). De fait, la finalité première des SIG consiste en ce que « tous les citoyens et entreprises de l'Union aient accès à des services de qualité et abordables »[2]. L'accessibilité n'est dès lors plus seulement un élément du régime, mais devient consubstantielle à la qualification de SIG. Par ailleurs conçus pour opérer « une coordination cohérente et harmonieuse entre l'objectif de maintien de services d'intérêt général et l'application rigoureuse des règles

---

[1] Pour les plus célèbres et éloquentes : CE, Sect., 10 mai 1974, *Denoyez et Chorques*, n°88032-88148, Lebon p. 274 ou encore CE, Sect., 29 décembre 1997, *Commune de Gennevilliers*, n°15425, Lebon p. 499 et CE, Sect., 29 décembre 1997, *Commune de Nanterre*, n°157500, Lebon p. 499.

[2] Commission européenne, *Livre blanc sur les services d'intérêt général*, 12 mai 2004, COM/2004/0374, p. 4.

relatives à la concurrence et au marché intérieur »[1], les SIG sont l'aboutissement d'une logique économique dans laquelle la concurrence des opérateurs économiques est la garante d'une satisfaction du consommateur ou de l'usager[2]. Ce faisant, les SIG opèrent une conciliation entre la concurrence qui s'impose à toute activité économique et les missions d'intérêt général susceptibles d'y être incluses, qui se matérialise avec les Services d'Intérêt Économique Général (SIEG) et, en leur sein, avec la notion de service universel. Celui-ci se définit comme : » un ensemble minimal de services déterminés à tous les utilisateurs [finaux] à un prix abordable »[3]. Cet « ensemble minimal de services »[4] correspond « à certaines prestations essentielles »[5]. Il est donc logique, pour assurer l'universalité d'accès à ces services, d'exiger un « prix abordable »[6] au point que celui-ci doit être considéré comme un élément de définition du service

---

[1] Commission européenne, *Livre vert sur les services d'intérêt général*, 21 mai 2003, COM/2003/270, p. 6.

[2] En témoigne, par exemple, cette citation : « La libéralisation a favorisé la modernisation, l'interconnectivité et l'intégration de ces secteurs. Elle a augmenté le nombre de concurrents et conduit à des réductions de prix, en particulier dans les secteurs et les pays qui ont procédé à la libéralisation à un stade plus précoce. » tirée de Commission européenne, *Livre vert sur les services d'intérêt général*, 21 mai 2003, COM/2003/270, p. 3.

[3] Considérant 4 de la directive 2002/22/CE du Parlement européen et du Conseil du 7 mars 2022, JOUE, 24/04/2002, L108, pages 51-77. Il reprend et généralise la définition initialement spécifique du service universel postal présente dans la directive 97/67/CE du Parlement européen et du Conseil du 15 décembre 1997, JOUE, 21/01/1998, L15, p. 14.

[4] *Ibid.*

[5] Commission européenne, *Les services d'intérêt général en Europe*, 11 septembre 1996, COM/96/0443, p. 2.

[6] *Ibid.*

universel. En dépit de cette importance, rien ne définit précisément cette notion dans les textes.

Cependant, l'Union européenne n'est pas la seule source de renouveau de l'accessibilité tarifaire. En France, les juges administratifs et constitutionnels ne sont pas en reste. En effet, en 2019, le Conseil constitutionnel a jugé que la gratuité de l'enseignement supérieur public était bien un principe à valeur constitutionnelle au regard de l'alinéa 13 du préambule de 1946. Tout en acceptant de consacrer ce principe, le Conseil constitutionnel a également édicté la possibilité pour le gouvernement de fixer des droits d'inscription « modiques »[1]. Cette curieuse affirmation - qui n'a pas fini de faire débat en doctrine[2] - a même conduit certains à y voir un principe d'« onérosité limitée »[3] plutôt qu'un principe de gratuité.

Ce décor posé appelle plusieurs observations. D'abord, ces deux notions de tarif « abordable » et de droits d'inscription « modiques » semblent bien être des standards. Certes, la nature du standard elle-même demeure incertaine puisque dans le dictionnaire de la

---

[1] Cons. const., décision n°2019-809 QPC du 11 octobre 2019, *Union nationale des étudiants en droit, gestion, AES, sciences économiques, politiques et sociales et autres [Droits d'inscription pour l'accès aux établissements publics d'enseignement supérieur].*

[2] Voir : S. Braconnier, « La « gratuité » de l'enseignement supérieur : quand l'esprit de système se heurte aux exigences du réel », *JCP G*, 2019, n° 47, p. 1180 ; R. Lanneau, « La consécration d'une certaine conception de la gratuité dans l'enseignement supérieur », *Droit Administratif*, 2020, n° 1, p. 34 (comm. 3) ; R. Noguellou, « La gratuité de l'enseignement supérieur : éléments de comparaison », *AJDA*, 2020, n°18, p. 986 ; A. Roblot-Trozier, « La gratuité de l'enseignement supérieur : un principe consacré à la portée délaissée », *RFDA*, 2019, n°6, p. 1127 ou encore D. Rousseau, P.-Y. Gahdoun, J. Bonnet, « Chronique de jurisprudence constitutionnelle (2019) », *RDP*, 2020, n°1, p. 309.

[3] F. Dieu, concl. sur CE, 1er juillet 2020, *UNEDESEP et autres*, n°430121, Lebon p. 247, *RFDA*, 2021, p. 97.

culture juridique, Céline Bloud-Rey écrit que la doctrine « hésite sur le point de savoir si celui-ci est une norme juridique spécifique distincte de la règle de droit, une technique particulière d'expression de cette dernière ou, encore, un instrument de pensée qui se situe en dehors du droit »[1]. Cependant, la doctrine s'accorde sur les caractères et sur la finalité du standard en ce qu'il serait volontairement indéfini afin de s'adapter aux situations auxquelles il a à s'appliquer. Ainsi Stéphane Rials écrit que le standard « vise à permettre la mesure de comportement et de situations en termes de normalité »[2] tandis que dans le *Vocabulaire juridique* de Gérard Cornu, le standard est « une norme souple fondée sur un critère intentionnellement indéterminé [...] qu'il appartient au juge, en vertu du renvoi de la loi, d'appliquer espèce par espèce, à la lumière des données extralégales ou même extra-juridiques »[3], il est ainsi une « occasion d'adapter la règle à la diversité des situations et à l'évolution de la société en la pérennisant »[4]. En étant indéterminés dans ce qu'ils recouvrent respectivement et en étant des notions essentiellement économiques et financières avant d'être purement juridiques, le tarif « abordable » et les droits d'inscription « modiques » semblent bien correspondre aux éléments du standard sur lesquels la doctrine est unanime. Il est donc intéressant de les comparer.

Ensuite, le prix « abordable » comme la « modicité »[5] sont deux standards relatifs à l'accès économique aux

---

[1] C. Bloud-Rey, « Standard » *in* D. Alland, S. Rials (dir.), *Dictionnaire de la culture juridique*, PUF, 2014, p. 1440.

[2] S. Rials., *Le juge administratif français et la technique du standard (essai sur le traitement juridictionnel de l'idée de normalité)*, thèse soutenue le 14 décembre 1978, LGDJ, 1980, 564 p.

[3] G. Cornu (dir.), *Vocabulaire juridique*, PUF, 2019, p. 979.

[4] *Ibid.*

[5] Les utilisations indifférenciées de « modique » et de « modicité » ainsi que de « tarif » et de « prix » sont volontaires

services d'intérêt général. Cependant, il apparaît que l'une concerne le service public de l'enseignement supérieur que la CJUE a déjà eu l'occasion de classer dans la typologie communautaire comme appartenant à la catégorie restreinte des Services Non-Économiques d'Intérêt Général (SNEIG) pour le système universitaire public allemand[1] tandis que le prix « abordable » concerne le service universel inclus dans les SIEG. Ainsi, malgré leurs points communs, chacun de ces standards est lié à une partie de la *summa divisio* européenne SIEG/SNEIG (Services Sociaux d'Intérêt Général, SSIG, mis à part). Selon nous, paradoxalement, cette différence renforce la possibilité d'une comparaison entre ces deux standards. En effet, ce rattachement différencié militerait pour une approche comparative pour au moins deux raisons. D'abord, le juge administratif, en charge d'appliquer le droit européen en tant que juge national[2], a à connaître du prix abordable, mais, en tant que juge administratif, il doit également apprécier la modicité découverte par le Conseil constitutionnel concernant l'enseignement supérieur public français. Ensuite, si la modicité est apparue récemment dans une décision du Conseil constitutionnel, le fait est qu'elle a déjà fait l'objet d'usages explicites par le juge administratif et implicites par les institutions européennes. Ces deux raisons justifient non seulement une approche comparative, mais aussi son échelle institutionnelle et pas uniquement juridictionnelle. Il faut ici entendre « institution » au sens d'une « collectivité humaine organisée en vue de la

---

compte tenu de l'usage indifférencié des juges eux-mêmes et de la commodité de lecture qu'elles permettent.

[1] CJCE, 18 décembre 2007, *Jundt*, aff. C-281/06, Rec. CJCE 2007 p. I-12231 ; CJCE, 7 décembre 1993, *Wirth*, aff. C-109/92, Rec. CJCE 1993 p. I-6447.

[2] CE, Ass., 30 octobre 2009, *Mme Perreux*, n°298348, Lebon p. 408.

réalisation d'une fin supérieure et au sein de laquelle les individus acceptent ou subissent l'existence d'une autorité commune »[1]. Cette définition permet d'inclure ainsi les utilisations juridictionnelles des deux standards étudiés, mais aussi leurs utilisations par les administrations nationales et européennes. À l'aide de ce prisme, il est intéressant d'explorer l'éventuel dialogue institutionnel - ou son absence - suscité par l'utilisation, commune ou non, de ces deux standards par les juridictions et les administrations européennes et françaises. Cela est d'autant plus vrai au regard des textes transposant les différentes directives sur les services universels qui ont - sur ce point et pour l'essentiel - recopié les textes européens.

Compte tenu de ces derniers éléments, il semblerait que, malgré leur finalité commune qu'est l'accessibilité du service, la modicité et le prix abordable sont des standards présentant bien des caractéristiques différentes. Cette variété s'exprime non seulement entre les deux standards, mais aussi entre les différentes utilisations de chacun des deux standards, notamment au regard de la diversité institutionnelle. Ainsi, il est possible de dessiner deux hypothèses. D'abord, une finalité commune à deux standards ne garantit ni une identité de sens ni une analogie d'usage entre eux. Ensuite, puisqu'une diversité d'acteurs est susceptible de s'emparer d'un seul et même standard, un même signifiant – la modicité ou le prix abordable – peut revêtir les habits d'une pluralité de standards signifiés. Afin d'éprouver ces hypothèses, il convient d'abord de comprendre les différentes manières par lesquelles les deux standards de prix abordable et de modicité peuvent servir la finalité commune d'accessibilité du service (I). Par ailleurs, il sera important

---

[1] G. Cornu (dir.), *Vocabulaire juridique*, PUF, 2019, p. 559.

d'expliquer, au regard de la pluralité institutionnelle à l'échelle européenne et nationale, en quoi chacun des standards étudiés recouvre, en réalité, plusieurs standards (II).

I – Deux standards pour une même finalité : l'accessibilité de l'activité d'intérêt général

L'existence de deux standards différents pour un même but s'explique non seulement par leur rattachement à deux notions différentes des activités d'intérêt général (A), mais aussi par l'inégale force du lien que chacun des deux standards présente avec la notion d'accessibilité (B).

A – Aux services d'intérêt général différents, standards différents

En ne regardant que l'origine de ces standards, il est possible de constater que rien ne les relie. D'abord, le prix « abordable » a pour origine les textes européens tandis que la « modicité » est issue d'une décision du juge français. Le prix « abordable » est intimement lié au concept de service universel. Ce dernier est originaire des États-Unis. Paradoxalement, outre-Atlantique, il a permis de justifier successivement un monopole sur les télécommunications avant de justifier l'ouverture de ce marché[1]. Pour la Commission européenne, le service universel est un moyen, tout en ouvrant au marché un certain nombre de secteurs, de garantir un service minimum à prix « abordable ». Cette volonté est exprimée dans un livre vert sur la libéralisation du secteur des

[1] P. Espuglas-Labatut, Fasc. 149 : La notion de service public. Droit interne et droit de l'Union européenne, *JCl Administratif*, LexisNexis, 2022, p. 20.

télécommunications datant de 1987[1]. Cependant, si la préoccupation « d'un service universel basique à des prix qui soient comparables sur l'ensemble du territoire national » est d'ores et déjà présente dans ce texte, la notion de « prix abordable » n'y figure pas encore[2]. Quelques années plus tard, un autre livre vert sur la libéralisation des services postaux donne un grand éclaircissement sur la volonté de la Commission. Après avoir expliqué que « la principale signification concrète [...] du service universel est qu'il doit continuer d'exister un service postal accessible au sein de la Communauté », la Commission écrit que « ce service universel doit être assuré à un prix abordable, correspondre à une qualité de service suffisante et être accessible à tous. Ensuite, une fois le service universel assuré, il devrait y avoir autant de liberté de choix que possible »[3]. Ce résumé est ensuite repris dans la définition de la communication sur les Services d'Intérêt Général (SIG) de 1996[4]. Ainsi l'apparition du prix « abordable » dans un acte de droit souple de la Commission expliquant le service universel, lie inévitablement les deux notions. L'histoire aurait pu s'arrêter là. Le prix « abordable » aurait été un simple critère du service universel afin de garantir sa finalité

---

[1] Commission européenne, *Vers une économie européenne dynamique, Livre vert sur le développement du marché commun pour les services et les équipements de télécommunications*, 30 juin 1987, COM/ 87/ 290 final.

[2] Commission européenne, *op. cit.*, p. 74. En anglais dans le texteoriginal : « *Telecommunications Administrations may not be able to compete with them pricewise on these high-profit routes because of their requirement to provide universal basic service at comparable prices throughout their national territory* ».

[3] Commission européenne, *Livre vert sur le développement du marché unique des services postaux*, 11 juin 1992, COM/91/476 final, p. 5.

[4] Commission européenne, *Communication de la Commission sur les services d'intérêt général en Europe*, 11 septembre 1996, COM (96) 443 final, p. 9.

d'accessibilité. Il n'en a pas été ainsi : le caractère « abordable » du prix a été inscrit dans le marbre de chaque directive portant sur des services universels à partir de 1997 et a même été consacré, en l'élargissant à l'ensemble des SIEG, dans le droit primaire par le protocole n°26 du TFUE au rang des « valeurs communes de l'Union concernant les services d'intérêt économique général au sens de l'article 14 du traité sur le fonctionnement de l'Union européenne »[1].

La consécration du prix « abordable » a donc été progressive. Il est par ailleurs d'origine écrite. Par conséquent, non seulement ce standard n'a pas été énoncé par le juge, mais son appréciation s'impose à ce dernier. En parallèle, la modicité contraste grandement avec ces caractéristiques.

En effet, les « frais d'inscription modiques »[2] dans l'enseignement supérieur public sont nés de l'inspiration sans limite du juge constitutionnel qui, tout en affirmant que « l'exigence constitutionnelle de gratuité s'applique à l'enseignement supérieur public » lui permet d'expliquer que « cette exigence ne fait pas obstacle, pour ce degré d'enseignement, à ce que des droits d'inscription modiques soient perçus en tenant compte, le cas échéant, des capacités financières des étudiants »[3].

Cette décision QPC rendue sur une question transmise par le Conseil d'État par une décision du 24 juillet 2019[4] n'exclut cependant pas le juge administratif de l'élaboration du standard. Effectivement, dès ses conclusions sur la décision du 24 juillet, la rapporteure

[1] Protocole n°26 du TFUE sur les services d'intérêt général, JOUE, 26 octobre 2012, C 326/1.
[2] Cons. const., *op. cit.*
[3] Cons. const., *op. cit.*
[4] CE, 24 juillet 2019, *Association UNEDESEP et autres*, n°430121.

publique Sophie-Justine Lieber soutenait déjà la transmission de la QPC en arguant que « le principe constitutionnel de gratuité n'était pas incompatible avec la perception de droits à l'entrée dans les universités si ces droits demeuraient assimilables à des redevances » représentatives de certains frais particuliers », la gratuité n'étant pas « exigée pour elle-même », mais étant « le moyen privilégié choisi pour réaliser un objectif » »[1] reprenant ainsi à son compte de précédentes conclusions sur une décision de 1972[2], qui n'avaient pas été suivies à l'époque.

Le Conseil constitutionnel n'a donc pas imaginé seul la possibilité de « frais modiques ». Il a été orienté en amont par le juge administratif qui sera également celui qui aura à apprécier la modicité en aval. Certes, il est probable que le Conseil d'État en transmettant la QPC s'attendait à plus de précision de la part du Conseil constitutionnel. Il n'en demeure pas moins que le juge administratif a, *a minima*, fortement influencé le juge constitutionnel et, *a maxima*, coconstruit ce nouveau standard. La « modicité » a donc une origine essentiellement jurisprudentielle par un dialogue entre deux juridictions nationales là où le prix « abordable » est une notion que le juge européen applique sans avoir eu un quelconque rôle actif dans son avènement.

L'origine n'est pas la seule différence entre ces deux standards : leurs définitions respectives diffèrent également.

---

[1] S.-J. Lieber, concl. sur CE, 24 juillet 2019, *Association UNEDESEP et autres*, n°430121, p. 3.

[2] Il est fait référence aux conclusions de N. Questiaux sur CE, Ass., 28 janvier 1972, *Conseil transitoire de la faculté de lettres et de sciences humaines de Paris*, n°79200, Lebon p. 86, dans D. Labetoulle et P. Cabannes, « Chroniques générales de jurisprudence administrative française », *in AJDA*, 20 février 1972, p. 90.

B – L'inégalité du lien des deux standards avec l'accessibilité

Pour observer cette divergence de lien avec l'accessibilité, il est nécessaire d'identifier le sens de chacun des deux concepts.

La notion de « modicité » n'est pas nouvelle dans la jurisprudence administrative. Il s'agit dès à présent d'écarter de notre analyse toute modicité qui ne serait pas financière parce qu'elle serait trop éloignée de notre sujet pour y être transposée de manière utile[1].

Selon l'Académie française, la « modicité » se définit comme le « caractère de ce qui est modique, peu important en quantité, en valeur. Surtout en parlant de biens, d'argent »[2] tandis que pour le CNRS, la modicité est ce qui représente la « faible importance », le « caractère modique »[3].

Au regard de ces définitions, il aurait été logique de penser que la modicité est une notion assez universelle. En effet, la « faible importance en quantité, en valeur « d'un objet, en l'occurrence d'une valeur pécuniaire, ne se définit pas nécessairement par rapport au propriétaire de l'objet. Il serait possible de qualifier la valeur pécuniaire d'une chose de modique tout en ayant la même vision de ce qui est de « faible importance » que ses semblables. Pourtant, il semblerait qu'une appréciation subjective de la « modicité » par le juge administratif s'impose, quelle que

---

[1] À l'image de « *la modicité alléguée des populations* d'oiseaux » présente dans une ordonnance de référé rendue sur demande de la LPO dans CE, Ord., 6 février 2017, *LPO*, n°407349.

[2] Académie française, *Dictionnaire de l'Académie française* (9e édition), t. 3, Imprimerie nationale/Fayard, 2011.

[3] CNRTL, Définition de « modicité », lien : https://www.cnrtl.fr/definition/modicit%C3%A9 [consulté le 10 décembre 2022].

soit la matière. En effet, en matière de contrat administratif, la modicité de la redevance d'occupation du domaine public due par l'association du stade Jean Bouin a permis d'y déceler une « contrepartie à une obligation de service public »[1] dès lors nécessairement appréciée relativement à ladite obligation et non pas constatée ex nihilo, objectivement. De la même manière, concernant le bail emphytéotique administratif cultuel, la redevance ne peut être « autre qu'une somme relativement modique »[2] selon les conclusions du rapporteur public Édouard Geffray sur la décision Vayssière reprises par les juges dans leur décision. Il ajoute que « le caractère « relatif » de cette modicité doit naturellement être apprécié en fonction de l'objet du bail »[3] ce qui n'empêche pas cette modicité d'être « parfois réduite à l'euro symbolique »[4].

Quitter la matière contractuelle ne nous éloigne pas nécessairement de l'appréciation relative de la « modicité » par le juge administratif. En matière de don d'une association à une campagne électorale interdit par l'article 58-8 du code électoral, le Conseil d'État a déjà pu apprécier « la modicité de l'avantage consenti qui représente au maximum 7,11 % des dépenses de campagne et 4,6 % du plafond des dépenses autorisées »[5]. Dans ce même contexte, la modicité peut également être constatée au regard de la limitation des effets néfastes du don qu'elle induit. Dans un autre arrêt concernant également des avantages (un spot publicitaire en l'espèce) non déclarés

---

[1] CE, Sect., 3 décembre 2010, *Ville de Paris et Association Stade Jean Bouin*, n°338272, Lebon p. 472.

[2] E. Geffray, concl. sur CE, Ass., 19 juillet 2011, *Patricia Vayssière*, n°320796, Lebon p. 372, p. 25.

[3] *Ibid.*

[4] *Ibid.*

[5] CE, 18 août 2021, *Ali Rabeh*, n°*449593*.

dans les comptes de campagne dont avait bénéficié un candidat à une élection locale, le Conseil d'État écrit : « eu égard à la modicité de la somme, dont la réintégration ne conduit ni à un déficit du compte ni au dépassement du plafond des dépenses autorisées [...] »[1]. Dans ces espèces, les critères susmentionnés de qualification de la « modicité » semblent objectifs en ce qu'ils se rapportent à une analyse mathématique et financière. Pourtant, d'autres critères de qualification ne sont pas aussi objectifs à l'image du caractère délibéré ou non de l'infraction aux règles des comptes de campagne. Par ailleurs, l'usage de la « modicité » demeure non systématique et relatif à la situation donnée. En ceci, elle demeure subjective et relative : la même somme pouvant être « modique » dans certains cas et pas dans d'autres.

Les autres utilisations de la « modicité » dans la jurisprudence du Conseil d'État sont toutes aussi subjectives, mais cela peut se justifier aisément au regard des matières concernées. En effet, il s'agit de la contestation des décisions en matière d'aides sociales ou de droit des étrangers. Dans cette dernière matière, la même « modicité des ressources » est systématiquement scrutée, notamment au regard du standard des « moyens de subsistance suffisants » qui s'apprécie « tant pour la durée de séjour [...] que pour le retour dans son pays des besoins des intéressés »[2].

Pour le « prix abordable », qui, quant à lui, ne préexiste pas dans la jurisprudence nationale ou européenne, il faut conserver une approche textuelle. À l'article 12 de la directive de 1997 telle que modifiée en 2008 portant sur le service universel postal, le prix du service universel est

---

[1] CE, 19 juillet 2016, *Élection des conseillers à l'Assemblée de Martinique*, n°395373.
[2]CE, 18 janvier 2006, *Mme Mimouna A.*, n°273385.

défini comme suit : « les prix sont abordables et doivent être tels que tous les utilisateurs, quelle [sic] que soit le lieu géographique et compte tenu des conditions nationales spécifiques, aient accès aux services offerts. Les États membres peuvent maintenir ou introduire la prestation de services postaux gratuits destinés aux personnes aveugles et malvoyantes »[1]. La directive de 2002 dite « service universel » précise encore la notion. Son considérant 10 énonce :« un prix abordable s'entend comme un prix défini au niveau national par les États membres compte tenu de circonstances nationales spécifiques et peut impliquer l'établissement d'une tarification commune indépendante de la position géographique ou de formules tarifaires spéciales pour répondre aux besoins des utilisateurs à faibles revenus. Du point de vue du consommateur individuel, le caractère abordable des prix est lié à sa capacité de surveiller et de maîtriser ses dépenses »[2]. L'article 9 de la même directive vise quant à lui à garantir le prix abordable en énonçant que « les autorités réglementaires nationales surveillent l'évolution et le niveau des tarifs de détail applicables aux services définis [...] notamment par rapport aux niveaux des prix à la consommation et des revenus nationaux »[3]. Outre l'universalité territoriale, les tarifs abordables visent

---

[1]Article 12, directive 2008/6/CE du Parlement européen et du Conseil du 20 février 2008 modifiant la directive 97/67/CE en ce qui concerne l'achèvement du marché intérieur des services postaux de la Communauté.

[2]Considérant 10 de la directive 2002/22/CE du Parlement européen et du Conseil du 7 mars 2002 concernant le service universel et les droits des utilisateurs au regard des réseaux et services de communications électroniques.

[3] Article 9, directive 2002/22/CE du Parlement européen et du Conseil du 7 mars 2002 concernant le service universel et les droits des utilisateurs au regard des réseaux et services de communications électroniques.

aussi à garantir l'accès du service aux « personnes ayant de faibles revenus ou des besoins sociaux spécifiques », expression revenant par deux fois dans l'article 9.

En tout état de cause, le prix abordable doit s'apprécier subjectivement comme le garant d'une capacité de l'individu, quelles que soient son origine géographique ou ses capacités financières, d'accéder au service. Si l'appréciation subjective est un point commun entre le prix abordable et la modicité, le prix « abordable » semble se définir réellement par rapport à l'accès au service dont il est le garant. En miroir, la « modicité » n'est garante de rien en ce qu'elle ne se définit pas *ab initio* par rapport à un service donné. Aussi semble-t-elle être un simple standard dont la définition repose entièrement sur une appréciation portée par le juge dépendant des types de cas qui lui sont soumis.

Mais, la question principale demeure entière : qu'est-ce qui, concrètement, est modique ou abordable concernant les services d'intérêt général ?

Les institutions nationales et européennes répondent à cette question par deux utilisations différentes du prix « abordable » et de la « modicité ».

II – Un standard signifiant pour plusieurs standards signifiés

L'utilisation et la précision opportunes par les juges de ces deux standards laissent apparaître deux manières dont la souveraineté du juge s'exerce à l'égard du standard. Tandis que le sens de la modicité semble être le même pour les juges français et européens, le concept de modicité ne se voit pas doter de la même fonction en tant que standard (A). Quant au prix abordable, tout en étant utilisé marginalement par les institutions européennes et nationales, il ne se voit pas doter de la même fonction non plus (B).

A – Le standard de modicité : un sens commun, des fonctions différentes

Comme décrit plus haut, la modicité, pour l'enseignement supérieur public, a été consacrée en même temps que le principe de gratuité. Le rapporteur public, dans la décision de 2019, avait déjà évoqué la possibilité que la consécration d'un principe constitutionnel de gratuité par le Conseil constitutionnel n'empêcherait en rien de fixer des droits d'inscription « à un taux dont nul ne peut soutenir qu'il serait susceptible d'écarter un étudiant de l'université » et de rajouter que « participe de la même idée un système où le paiement de droit d'inscriptions [sic], à un niveau raisonnable, s'accompagne d'exonérations et/ou de bourses de scolarité »[1]. Une fois effectuée la consécration, par le Conseil constitutionnel, du principe de gratuité de l'enseignement supérieur public et de la possibilité de fixer des droits d'inscription modiques, il revenait au Conseil d'État d'établir ce qui était modique et ce qui ne l'était pas, à commencer par le rapporteur public en charge de l'affaire, Frédéric Dieu.

Ce dernier évoque trois possibilités pour apprécier la modicité ou non des droits d'inscription. Une « approche personnelle », une « approche matérielle et pédagogique tenant compte du coût de la formation » et une approche dite « globale » ou « systémique » combinant les deux premières[2]. Il écarte la première au motif qu'elle serait « peu praticable », car elle

---

[1] S.-J. Lieber, *op. cit.*, p. 3.
[2] F. Dieu, *op. cit.*, p. 4.

demanderait de prendre en compte « des capacités financières des étudiants »[1]. Or, une telle approche poserait de multiples questions aux réponses incertaines sur le champ des ressources à prendre en compte ou sur la capacité de l'administration à vérifier la véracité des informations données par les étudiants. Frédéric Dieu juge la deuxième approche « plus réaliste et plus pertinente », car elle consisterait à « apprécier le montant et donc la modicité des droits d'inscription en fonction du coût réel de la formation, c'est-à-dire de considérer que sont modiques des droits d'inscription dont le montant ne représente pas une part substantielle du coût de la formation »[2]. Enfin, concernant la dernière approche, le rapporteur public plaide pour une prise en compte « d'un point de vue financier, de l'économie d'ensemble du système d'accès à l'enseignement supérieur public »[3]. Elle consisterait à mesurer non seulement les coûts réels de la formation, mais aussi toutes les aides positives ou exonérations dont peuvent bénéficier les étudiants. Il juge cette approche cohérente « avec la hiérarchie des exigences qui fonde la décision du Conseil constitutionnel, l'objectif principal étant, par le moyen de la gratuité-modicité, de ne pas subordonner à des considérations et conditions de fortune l'accès à l'enseignement supérieur public »[4]. Il sera suivi par le Conseil d'État qui notera que les frais relevés par l'arrêté attaqué (2770 € pour une licence et 3770 € pour un master) ne représentent que près de 30% du coût de formation annuel pour la licence et 40% pour le master. Il notera, par ailleurs, les possibilités d'exonération totale ou partielle dont peuvent bénéficier ces étudiants.

[1] *Ibid.*, p. 3.
[2] *Ibid.*, p. 5.
[3] *Ibid.*, p. 3.
[4] *Ibid.*, p. 5.

Cette approche semble relever plus d'un choix que d'une évidence. Elle assume que la gratuité, constitutionnellement consacrée, est en réalité un simple moyen d'atteindre le « vrai » principe constitutionnel que serait l'égal accès à l'instruction. Or, c'est interpréter dans un seul sens le paragraphe 7 de la décision du Conseil constitutionnel qui précise que la fixation des droits d'inscription modiques intervient « dans le respect des exigences de gratuité de l'enseignement public et d'égal accès à l'instruction ». Il est certes possible de le lire comme le respect d'égal accès à l'instruction par les exigences de gratuité de l'enseignement supérieur public, mais il est bien noté « des exigences de gratuité et d'égal accès à l'instruction ». Le juge administratif exprime toute sa souveraineté dans la torsion de l'énoncé du Conseil constitutionnel vers un seul sens possible : contingenter la gratuité à l'égal accès afin que la modicité soit elle-même soumise en réalité à l'exigence d'égal accès et non à celle de gratuité.

Dérivé de la gratuité, la modicité de l'enseignement supérieur peut aussi être vue comme un pont avec le droit de l'Union européenne. Ainsi, la communication relative aux aides d'État du paquet Almunia rappelle que la Cour de justice a pu classer l'enseignement supérieur dans la catégorie des SNEIG, car les droits d'inscriptions demandés sont des « contributions financières qui ne couvrent souvent qu'une partie des coûts réels du service et ne peuvent donc pas être considérées comme une rémunération pour le service fourni. Elles n'ont donc aucune incidence sur la nature non économique d'un système éducatif général principalement financé par le trésor public »[1]. En ce sens, les institutions européennes semblent adopter, antérieurement au Conseil constitutionnel, la modicité sans l'exprimer ainsi. La modicité serait un critère majeur de l'absence d'activité économique et donc d'entrée dans la catégorie des SNEIG. Cependant, les États membres peuvent « proposer des services d'enseignement qui, en raison de leur nature, de leur structure de financement et de l'existence d'une offre privée concurrente, doivent être considérés comme des activités économiques »[2] et donc être qualifiés de SIEG. Dans ce dernier cas, l'exigence d'un prix abordable s'appliquera. La modicité semble avoir, en l'absence de dialogue des juges, le même sens pour les institutions européennes et pour les juges français. Cependant, elle ne se voit pas attribuer la même fonction. En effet, alors qu'elle est utile à une opération de qualification de SIEG ou de SNEIG pour le juge européen, elle est une modalité du respect d'un principe de gratuité de l'enseignement supérieur pour les juges français.

La comparaison de ces deux usages de la modicité conduit à un paradoxe. Ainsi, la modicité – qui peut se révéler très onéreuse pour l'usager – fait sortir l'enseignement supérieur du champ économique alors que si ce service était considéré comme une activité économique et donc comme un SIEG, l'exigence d'un prix abordable protégerait bien plus fortement l'accessibilité. Ainsi, l'accessibilité de l'enseignement supérieur serait potentiellement plus protégée si le service était considéré comme un bien marchand. Néanmoins, ce constat n'est valable qu'en théorie tant le « prix abordable » est un

---

[1] Commission européenne, *Communication relative à l'application des règles de l'Union européenne en matière d'aides d'État aux compensations octroyées pour la prestation de services d'intérêt économique général*, 11 janvier 2012, 2012/C 8/02, p. 5.
[2] *Ibid.*, p. 8.

standard peu explicitement mis en œuvre par les acteurs institutionnels et juridictionnels.

B – L'utilisation institutionnelle limitée du prix abordable : un standard pour une pluralité d'utilisations possibles

Le « prix abordable » est certes né dans les textes européens, mais il apparaît surtout dans la jurisprudence communautaire dans un rappel systématique de la définition du service universel. Le juge européen semble en connaître aussi, à la marge, pour admettre telle ou telle prestation au titre du service universel[1]. Cependant, en dépit de ces mentions fréquentes, les juges européens n'ont presque jamais eu à apprécier ou à définir le prix abordable d'un SIEG en tant que tel. La seule fois est néanmoins précieuse : l'arrêt BUPA du Tribunal de Première Instance des Communautés européennes (TPICE). Dans ce jugement, le Tribunal avait décidé que l'obligation de tarification commune aux sociétés privées d'assurance maladie en Irlande, chargée d'un SIEG, n'engendrait pas la mise en place de prix inabordables au sens où « le risque d'un tarif excessif, économiquement inabordable pour certains groupes de personnes, notamment en ce qui concerne les couvertures AMP de base, paraît très limité en pratique »[2]. Mais ici encore, le prix n'est pas directement visé : c'est le régime juridique en œuvre risquant de mener à des prix inabordables qui est en cause. L'absence d'appréciation du prix *stricto sensu* par le juge européen peut s'expliquer par le fait qu'il n'en aurait jamais été saisi, le contentieux des SIEG étant plus l'apanage des entreprises et des administrations que des

[1] Voir par exemple : CJUE, 16 octobre 2019, *Michael Winterhoff*, aff. C-4/18.

[2] TPICE, 12 février 2008, *BUPA Insurance Ltd*, aff. T-289/03.

usagers. Cependant, il est aussi vrai que le juge européen est prolixe sur les questions concurrentielles, l'existence d'une concurrence étant conçue comme un préalable nécessaire qui conduirait inévitablement à un « prix abordable » pour le consommateur.

Il faut également noter que les autorités et juges nationaux se sont également peu saisis du prix « abordable » alors que leur échelon territorial leur permettrait sûrement plus d'en connaître. L'une des rares illustrations d'un tel usage est la décision de l'ARCEP qui sanctionne La Poste en reprenant le standard présent dans l'arrêt BUPA : les prix sont inabordables dès lors qu'ils excluent ou rendent inaccessible le service à un groupe assez important de consommateurs[1]. Plus récemment, le Conseil d'État a été saisi du prix considéré comme inabordable par les requérants de l'offre « Colissimo en Outre-Mer ». Le rapporteur public, dans ses conclusions, confirme que c'est « la première fois que cette contestation porte aussi clairement sur la conformité d'une offre aux principes qui régissent ce service universel. Aussi devrez-vous vous aventurer sur un terrain assez peu exploré au contentieux – et, disons-le d'emblée, que le présent recours ne vous permettra sans doute pas (encore ?) de baliser autant qu'on pourrait le souhaiter »[2]. Dans l'affaire sur laquelle il devait conclure, il était question d'une hausse continue de l'offre « Colissimo Outre-Mer » entre 2020 et 2021 pour atteindre 24,75 € pour un colis de 1 à 2 kg alors qu'il est de 9,15 € pour la France métropolitaine. Les requérants, 13 syndicalistes, ont mis en parallèle le prix plus cher et le revenu moyen

---

[1] ARCEP, Décision n°2011-1453 prononçant une sanction à l'encontre de la société La Poste en application de l'article L5-3 du code des postes et des communications électroniques, 20 décembre 2011.

[2] P. Ranquet, concl. sur CE, 27 septembre 2022, *Société La Poste*, n°460534, p. 1.

inférieur en outre-mer par rapport à la métropole pour arguer d'un prix inabordable. La décision du Conseil d'État rejette la requête au motif qu'« il ne ressort pas des pièces du dossier que les tarifs de l'offre « Colissimo outre-mer » auraient été fixés à un niveau tel qu'ils la rendraient économiquement inabordable pour une partie de la population, et qu'ils seraient ainsi entachés d'une erreur manifeste au regard de l'exigence de prix abordables pour tous les utilisateurs, ou que ces tarifs méconnaîtraient manifestement le principe de concours à la cohésion sociale et au développement équilibré du territoire »[1]. Cette décision rappelle une autre composante majeure du service universel que le tarif abordable permet aussi de réaliser au sens du TFUE :la cohésion sociale et territoriale de l'Union. Cependant, le Conseil d'État demeure silencieux sur sa manière d'apprécier le caractère abordable ou non du prix du service. Pour le rapporteur public, il n'est pas possible de transposer l'analyse de la décision de l'ARCEP ou de la jurisprudence BUPA, car il manquerait trop d'éléments. En effet, pour Philippe Ranquet, « dans cette approche, il n'y a pas de prix abordable ou inabordable dans l'absolu, ni même à raison des seules ressources de l'utilisateur, mais un prix qu'on pourra raisonnablement s'attendre à devoir payer au regard de ses habitudes de consommation. La requête met en avant les tarifs les plus élevés sans démontrer s'ils correspondent à des besoins d'envoi courants ou exceptionnels »[2]. Le prix abordable est donc bien l'objet d'une approche subjective par le juge pas uniquement quant à son accessibilité vis-à-vis des citoyens, mais aussi eu égard au comportement des « consommateurs ». Sur ce dernier point, le rapporteur public suit la logique communautaire. Ainsi, dans un arrêt du Tribunal de

---

[1] CE, 27 septembre 2022, *Société La Poste*, n°460534.
[2] P. Ranquet, *op. cit.*, p. 8.

première instance de l'Union européenne, les juges communautaires ont pu apprécier « le prix abordable » de boîtes de préservatifs au regard du « public concerné », à savoir « des consommateurs moyens de l'Union européenne, relativement bien informés, attentifs et avisés et faisant preuve d'un niveau d'attention moyen [...] dont l'achat ne s'accompagne pas, en général, d'un long moment d'analyse, de réflexion ou de comparaison des offres »[1]. Cependant, dans cette décision, le juge communautaire n'explique toujours pas la manière d'apprécier, matériellement et précisément, le prix « abordable » contrairement à ce que le juge administratif devait faire dans l'affaire La Poste.

Ce dernier contentieux illustre donc le rôle du juge national comme juge en premier lieu du droit de l'Union européenne en reprenant son standard – le prix « abordable » – et ses objectifs – l'accessibilité du service et la cohésion sociale et territoriale. Plus intéressant est le fait qu'en étant le premier juge à connaître du contentieux européen, il se trouve être le premier à devoir apprécier réellement la substance du tarif « abordable », d'autant plus au regard du silence de la jurisprudence communautaire à ce sujet. Il lui revient donc de définir un standard qu'il n'a pas créé, mais qu'il n'a pas voulu pour autant. La justification sommaire du rejet de la requête que ce soit dans les conclusions du rapporteur public ou dans la décision pourrait être le signe d'un manque d'aisance à l'égard de ce standard. Une difficulté à laquelle il serait pallié par l'usage d'autres notions, qui pourraient se révéler elles-mêmes être des standards à l'avenir, notamment le « prix qu'on pourra raisonnablement

[1] Trib. UE, 08 septembre 2016, *Dr. Vita sp. Z o.o. c/ Office de l'Union européenne pour la propriété intellectuelle (EUIPO)*, aff. T-360/15.

s'attendre à devoir payer au regard de ses habitudes de consommations »[1].

Par ailleurs, en dehors du faible nombre de saisines du juge sur le prix « abordable », les conclusions de Philippe Ranquet semblent donner une explication sur les raisons pour lesquelles les juges ne semblent pas à l'aise avec ce standard imposé par les textes européens : il semble très - trop - complexe à appréhender pour être effectif. Trop complexe au regard de son imprécision. Trop complexe pour le juge qui doit concilier l'uniformité de la notion avec la contingence des situations dans lesquelles elle est susceptible d'être utilisée. Trop complexe enfin pour l'usager, principal intéressé par le prix « abordable », qui ne peut se baser sur aucune définition précise et sur peu de décisions du juge. Ce qui pose une autre question qui restera en suspens : le prix « abordable » dès lors qu'il fait l'objet d'une quasi-absence d'usage par le juge, peut-il être toujours considéré comme un standard ?

Cette question paraît d'autant plus légitime que « le prix abordable » en est presque réduit à une formulation annexe ou accessoire pour le juge européen alors même que les normes européennes avaient entendu en faire un véritable standard. Le contraste est frappant avec le juge français qui, se voyant contraint d'apprécier « le prix abordable », en fait une appréciation subjective et contingente des espèces qui lui sont soumises.

Au terme de cette comparaison entre deux standards, il est possible de dégager trois grandes caractéristiques du standard qui permettent de différencier ses divers usages : la définition, l'appréciation qui en est faite par ses utilisateurs et la fonction qui lui est attribuée. À l'aide de ces trois critères, la présente confrontation des standards autorise un constat : aucun standard ne demeure similaire

---

[1] P. Ranquet, *op. cit.*, p. 8.

en toute situation. Ce fait n'a rien d'étonnant concernant la « modicité » qui n'est pas appréhendée explicitement par le droit de l'Union européenne et qui, en France, n'est pas issue de la même histoire et n'a donc pas la même définition, la même appréciation et la même fonction. Même en France, le juge administratif va différencier le sens et l'appréciation qui sera faite de la modicité selon la matière concernée. Concernant le prix « abordable », son caractère communautaire autorisait *ab initio* l'hypothèse d'un dialogue institutionnel. Force est de constater que celui-ci est absent. Certes, l'administration et le juge administratif français vont réutiliser le prix « abordable » en y intégrant les contraintes issues de l'échelle communautaire. Néanmoins, le prix « abordable », standard manifestement accessoire à l'échelle européenne, devient objet principal des litiges en France. Dès lors, la définition, l'appréciation et la fonction du « prix abordable » ne seront pas les mêmes à l'échelle nationale et à l'échelle européenne. Rien n'interdit qu'à l'avenir, les instances européennes, saisies à titre principal de litiges portant sur le prix « abordable », s'inspirent des juges nationaux et un dialogue s'instaurera alors.

L'analyse institutionnelle ne doit pas occulter l'importance du juge dans l'appréciation du standard. D'une certaine manière, celui-ci est sa propriété, sa chose, dans la limite de son partage avec d'autres juges. Comme tout objet créé, reçu ou imposé, il peut décider d'en user et parfois d'en abuser, au point de le détourner contre la norme qu'il avait lui-même édifiée, à l'instar de la « modicité » qui contourne la gratuité. À l'inverse, à l'image d'un mauvais cadeau qui lui aurait été fait, le juge peut décider de délaisser le standard, ayant peur d'en faire un mauvais usage. Tel semble être le cas du prix « abordable » offert par les textes européens aux juges qui le délaissent, malgré tout, assez largement.

Enfin, il est possible d'esquisser l'hypothèse selon laquelle un même signifiant – « modicité » ou prix « abordable » – peut revêtir les habits d'une pluralité de standards signifiés en fonction des trois critères de définition, d'appréciation et de fonction attribuées par les acteurs.

Quand les pourboires alimentent une querelle de standards[1]

John-Christopher Rolland

Maître de conférences en droit public

« *Le pourboire est une somme facultative remise par le client à un salarié, et aucune profession ne peut l'exiger* »[2]. Cette formule empruntée aux services de Bercy résume parfaitement la définition du pourboire. Une étude d'une société britannique de sondages a révélé que les Français sont peu généreux lorsqu'il s'agit de récompenser l'excellence du service dans un bar ou un restaurant[3]. Lorsque l'on manque de monnaie ou que l'on est insatisfait, pour diverses raisons, du service, il est d'usage de tourner les talons sans le moindre geste de générosité. Si le pourboire alourdit la facture payée par le client – malgré son caractère sympathique – en revanche il était indolore pour le commerçant. En effet, sur le plan fiscal une tolérance française, matérialisée par « *l'instruction n° 3-B-4-76 du 31 décembre 1976, reprise dans la documentation de base du 20 juin 1995 référencée 3 B-1123, n°31* »[4], permettait de ne pas soumettre ces pourboires à l'imposition à la T.V.A. moyennant certaines

---

[1] L'idée de cette concurrence de standards est née d'une intuition de mon collègue et ami Jérôme Prévost-Gella, Maître de conférences à l'Université Paris Nanterre, qui m'a généreusement suggéré ce thème. Rendons à César ce qui appartient à César.

[2]https://www.economie.gouv.fr/dgccrf/les-fiches-pratiques/pourboire. Consultée le 19 janvier 2025.

[3]https://www.capital.fr/conso/pourboire-les-francais-sont-ils-vraiment-radins-1471231. Consultée le 19 janvier 2025.

[4] C.A.A. Paris, 25 mars 2010, *SARL la frégate.*

conditions[1]. Toutefois, cette tolérance, toute française, contredisait une directive européenne de plein fouet[2]. Bien que neutre du point de vue sentimental, il est loisible de considérer que cette directive ne voit pas les pourboires comme de simples étrennes, transmises de la main à la main, mais comme des éléments substantiels de la rémunération. Par conséquent, ces pourboires sont assujettis à la taxation.

C'est à ce stade qu'une illustration d'un conflit de standards se fait jour. La doctrine fiscale précise à l'article L80A du livre des procédures fiscales qu'il *« ne sera procédé à aucun rehaussement d'impositions antérieures si la cause du rehaussement poursuivi par l'administration est un différend sur l'interprétation par le redevable de bonne foi du texte fiscal et s'il est démontré que l'interprétation sur laquelle est fondée la première décision a été, à l'époque, formellement admise par l'administration. Lorsque le redevable a appliqué un texte fiscal selon l'interprétation que l'administration avait fait connaître par ses instructions ou circulaires publiées et qu'elle n'avait pas rapportée à la date des opérations en cause, elle ne peut poursuivre aucun rehaussement en soutenant une interprétation différente »*. De ces dispositions il s'infère un principe de « confiance légitime » voire de « sécurité juridique » que la C.J.C.E. avait reconnu comme faisant partie de « l'ordre juridique

---

[1] « Les pourboires ne sont pas retenus dans la base imposable à la taxe sur la valeur ajoutée à la condition, notamment, que le client soit préalablement informé de l'existence d'un prélèvement présentant le caractère d'un pourboire et de son pourcentage par rapport au prix service non compris ». *Ibid.*

[2] Directive n°77/388/C.E.E. du 17 mai 1977 *relatives aux taxes sur le chiffre d'affaires - Système commun de taxe sur la valeur ajoutée : assiette uniforme.*

communautaire »[1] . Il existe néanmoins un principe tout aussi matriciel : celui de la primauté du droit de l'Union européenne. D'ailleurs, s'agissant de l'assujettissement des pourboires à la T.V.A., un changement de doctrine fiscale est né consécutivement à une décision de la Cour de justice des communautés européennes en 2001[2]. En effet, la Cour estime, dans cette décision, que la tolérance française en matière de pourboires est contraire à une directive européenne de 1977[3]. Aussi, au regard du principe de primauté, cette décision devrait-elle entraîner l'invalidation des situations de fait qui sont nées de l'application de la doctrine fiscale française à qui l'on rappelle fermement sa caducité.

Des restaurateurs, à qui l'on avait appliqué un droit de reprise, se sont prévalus de la doctrine fiscale contenue dans l'article L80A du livre des procédures fiscales et son principe de « confiance légitime » pour échapper, sur deux exercices fiscaux, aux effets drastiques de la jurisprudence européenne. Ils considéraient que l'instruction de 1976 n'avait pas été rapportée[4] et que, par conséquent, ils pouvaient, malgré la contradiction au droit de l'Union, se prévaloir des dispositions qui y étaient contenues. Si dans un premier temps, le Tribunal administratif de Paris leur donna tort sur ce point, la Cour administrative d'appel infirma l'interprétation de la juridiction inférieure en ce qu'elle faisait prévaloir la directive européenne sur la tolérance fiscale française. En d'autres termes, si le Tribunal administratif avait priorisé la primauté du droit de l'Union, la Cour administrative d'appel, quant à elle, a

[1] *La lettre de la Cour administrative d'appel de Paris*, n°118 mai 2010, p. 7-8.
[2] C.J.C.E., 29 mars 2001, *Commission contre France*.
[3] Directive n°77/388/C.E.E. du 17 mai 1977. *Op.cit.*
[4] Elle avait même été confirmée en 1995 par le truchement de la documentation de base de l'administration fiscale.

fait primer les principes de confiance légitime et de sécurité juridique. Même si la Cour déboute les requérants *in fine*, elle fixe l'état actuel de la jurisprudence sur l'articulation de ces deux principes qui sont également qualifiables de « standards juridiques ». En effet, il est admis que tout principe général du droit peut être couvert du sceau de l'appellation « standard »[1]. Ainsi que le souligne G. Cornu, le standard n'est autre qu'un « comportement de référence »[2] et, force est de constater que ces principes peuvent tous trois être qualifiés de standards en tant qu'ils irriguent tant le droit interne que le droit de l'Union européenne.

Si le Conseil d'État ne s'est pas encore positionné sur le principe qu'il entendra faire primer relativement à l'application de l'article L80A du livre des procédures fiscales, il semble bien qu'il y ait un conflit – ou à tout le moins une concurrence de standards – dont l'issue est incertaine (I). Mais d'ores et déjà, un autre standard semble s'être immiscé dans ce combat au sommet, en effet, il est possible que la Cour administrative de Paris se soit, inconsciemment ou implicitement, basée sur le principe d'équité (II).

I – Sécurité juridique, confiance légitime et primauté du droit de l'Union : des standards bien établis

Les principes de sécurité juridique et de confiance légitime vont de pair. Croire en l'état du droit permet, en effet, de garantir la sécurité juridique (**A**). Le principe de primauté du droit, érigé en principe cardinal du droit de

[1] J. Wroblewski, « *Les standards juridiques : problèmes théoriques de la législation et de l'application du droit* », RRJ,88-4, p. 848.
[2] G. Cornu, *Vocabulaire juridique*, PUF, 2024.

l'Union, repose quant à lui sur l'adhésion des États membres et semble tout emporter sur son passage. Mais cette apparente évidence souffre d'exceptions notables **(B)**.

A – Sécurité juridique et confiance légitime : des principes indissociables

Comme le note astucieusement Jerzy Wroblewski, « le standard juridique est une notion plutôt vague »,[1] mais il recouvre « chaque prétendu principe (général) du droit »[2]. C'est heureux, car la confiance légitime – comme la sécurité juridique – a été consacrée très tôt dans le droit de l'Union européenne par le truchement de nombreuses décisions de la Cour de justice. En effet, Francesco Martucci recense en 2020 plus de 3350 occurrences pour la sécurité juridique et 2129 occurrences pour la confiance légitime dans les décisions de la Cour de justice de l'Union européenne rendues jusqu'à cette date[3]. Ce martèlement signe ainsi la place prépondérante que ces principes occupent dans le droit européen. Ces deux principes sont, par conséquent, reconnus comme des principes généraux du droit de l'Union.

En droit interne, en revanche, seule la sécurité juridique est reconnue comme un principe général du droit[4]. Les

---

[1] J. Wroblewski, « *Les standards juridiques : problèmes théoriques de la législation et de l'application du droit* », *op.cit.*, p. 848.

[2] *Ibid.*

[3] F. Martucci, « Les principes de sécurité juridique et de confiance légitime dans la jurisprudence de la Cour de justice de l'Union européenne », Titre VII [en ligne], n° 5, La sécurité juridique, octobre 2020. URL complète : https://www.conseil-constitutionnel.fr/publications/titre-vii/les-principes-de-securite-juridique-et-de-confiance-legitime-dans-la-jurisprudence-de-la-cour-de. Consultée le 19 janvier 2025.

[4] CE, 24 mars 2006, *Société KPMG et a.*,n° 288460 : Lebon, p. 154.

juges du Conseil d'État l'ont verbalisé dans un considérant de principe en 2006 : « *que toutefois, à défaut de toute disposition transitoire dans le décret attaqué, les exigences et interdictions qui résultent du code apporteraient, dans les relations contractuelles légalement instituées avant son intervention, des perturbations qui, du fait de leur caractère excessif au regard de l'objectif poursuivi, sont contraires au principe de sécurité juridique* »[1]. Certes, le terme « général » n'est pas utilisé, mais la formulation globale ne laisse que peu de doutes quant à sa reconnaissance par le Conseil d'État.

S'agissant, ensuite, du principe/standard de confiance légitime, il a fait une incursion implicite dans la jurisprudence du Conseil constitutionnel en 2013 :« *Considérant qu'il est à tout moment loisible au législateur, statuant dans le domaine de sa compétence, de modifier des textes antérieurs ou d'abroger ceux-ci en leur substituant, le cas échéant, d'autres dispositions ; que, ce faisant, il ne saurait toutefois priver de garanties légales des exigences constitutionnelles ; qu'en particulier, il ne saurait, sans motif d'intérêt général suffisant, ni porter atteinte aux situations légalement acquises ni remettre en cause les effets qui peuvent légitimement être attendus de telles situations* »[2]. Il est possible de constater, dans ce considérant, qui' il n'est pas question *expressisverbis* de « confiance légitime », mais les termes utilisés par les sages, géolocalisés à Montpensier, sont sans équivoques puisqu'ils se réfèrent à l'exigence du maintien des effets attendus d'une situation. Sans le citer, le Conseil constitutionnel fait donc référence à ce principe sans, toutefois, en faire un véritable principe général autonome.

---

[1]*Ibid.*

[2] Cons. Const., Décision n° 2013-682 du 19 décembre 2013 DC.

Pour autant, sécurité juridique et confiance légitime sont intimement liées. Sylvia Calmes le résume de façon très limpide. Il existe, selon elle, un lien de déduction entre l'État de droit, la sécurité juridique et la confiance légitime[1]. Elle va même plus loin en considérant que la « sécurité juridique [qui] signifie avant tout protection de la confiance pour le citoyen, fait partie des éléments essentiels de l'État de droit »[2]. De fait, l'équation paraît simple. La confiance légitime est une composante essentielle de la sécurité juridique.

On le constate, si la « sécurité juridique » a accédé au rang prestigieux de « principe (presque) général du droit », ce n'est pas le cas de la « confiance légitime ». Mais il est démontré que cette dernière, en tant qu'élément indissociable de la sécurité juridique, est arrimée à tout le moins à un principe général du droit. Il faut, quoiqu'il en soit, noter que ces deux principes sont bel et bien reconnus comme tels au point de vue du droit de l'Union européenne. Au surplus, ces principes ont nettement le caractère de « standards » en tant qu'ils sont reconnus dans leur caractère principiel.

Utilisés comme mantras par les requérants dans la décision *SARL la Frégate* précitée, ces principes font, en l'état de la jurisprudence relative à l'article L80A du livre des procédures fiscales, obstacle à un autre standard, celui de primauté du droit de l'Union européenne.

S'il est bien un standard battu et rebattu, c'est bel et bien celui de la primauté du droit de l'Union. L'arrêt *Costa c/ENEL* rendu en 1964 par un attendu retentissant va plus loin que ce qui était prévu par le traité de Rome et

---

[1] S. Calmes, *Du principe de protection de la confiance légitime en droits allemand, communautaire et français*, Nouvelle bibliothèque des thèses, Dalloz, pp. 112-114.
[2] *Ibid.* p. 114.

consacre cette primauté :« *cette intégration au droit de chaque pays membre de dispositions qui proviennent de source communautaire, et plus généralement, les termes et l'esprit du traité, ont pour corollaire l'impossibilité pour les États de faire prévaloir, contre un ordre juridique accepté par eux sur une base de réciprocité, une mesure unilatérale ultérieure qui ne saurait ainsi lui être opposable »*[1]. Si des générations d'étudiants ont commenté cette décision, ils ont surtout retenu que le droit de l'Union (à l'époque droit de la Communauté) prévaut sur les normes internes. La C.J.C.E. a donc été à l'origine d'une véritable avancée dans l'intégration européenne puisque le traité de Rome ne consacrait pas cette primauté de manière aussi nette. La déduction opérée par la Cour constitue donc une illustration de son émancipation et de son pouvoir prétorien.

Cette décision est précisée par la suite, en 1978, dans un arrêt Simmenthal dont le considérant de principe est sans ambages puisque le juge précise que le principe de primauté implique *« d'empêcher la formation valable de nouveaux actes législatifs nationaux dans la mesure où ils seraient incompatibles avec des normes communautaires »* ainsi *« tout juge national, saisi dans le cadre de sa compétence, a l'obligation d'appliquer intégralement le droit communautaire et de protéger les droits que celui-ci confère aux particuliers, en laissant inappliquée toute disposition éventuellement contraire de la loi nationale, que celle-ci soit antérieure ou postérieure à la règle communautaire »*[2]. Si Costa c/ENEL consacre la primauté, Simmenthal intime aux juges nationaux de rendre effective cette primauté. Le bœuf Simmenthal bouilli et mis en conserve est donc à l'origine d'une

[1] C.J.C.E., 15 juillet 1964, *Costa c/ ENEL*, aff. 6/64.
[2] C.J.C.E., 9 mars 1978, *Simmenthal*.

jurisprudence retentissante. Le juge interne est donc le juge de la protection conférée par le droit de l'Union, ce qui, compte tenu des faits de l'espèce et de la nature de la production *de* la société italienne Simmenthal, pourrait également laisser suggérer que cette faculté octroyée aux juges nationaux a une origine bovine.

Il est toutefois à noter que, la primauté du droit de l'Union européenne n'est pas, à proprement parler, un principe général du droit. Pour autant, il est bel est bien un principe matriciel. D'ailleurs, le Parlement européen l'évoque comme préalable à tout autre principe, en ce compris les principes consacrés comme « généraux du droit de l'Union »[1]. En définitive, s'il n'acquiert pas la terminologie précise de principe général du droit, il n'en demeure pas moins un standard au sens de Jerzy Wroblewski en tant qu'il structure l'ordre juridique et qu'il est source de construction du droit[2]. Au demeurant, si, encore une fois, comme nombre de générations d'étudiants qui ont souffert de l'abscondité de la célèbre pyramide de Kelsen (qui généralement dessinée en deux dimensions devrait plutôt s'apparenter à un triangle) l'on considère ce principe de validité comme inhérent à l'État de droit alors, force est de constater la place cardinale du principe de primauté.

Revenons quelques instants désormais à nos serveurs chichement récompensés par des émoluments que l'argot parisien typique qualifierait de « pourliches ». Ces derniers ont, légitimement, cru en une doctrine fiscale qui exonérait ces bonii de toute taxe sur la valeur ajoutée. Mais cette confiance était contraire au droit émanant de

---

[1] https://www.europarl.europa.eu/factsheets/fr/sheet/6/sources-et-portee-du-droit-de-l-union-europeenne. Consulté le 19 janvier 2025.

[2] J. Wroblewski, « *Les standards juridiques : problèmes théoriques de la législation et de l'application du droit* », *op.cit.*, p. 856.

l'Union européenne[1] or, selon le sacro-saint principe de primauté, le combat entre la confiance légitime et la primauté aurait dû tourner à l'avantage de cette dernière. Il n'en est rien pour le moment, ce qui laisse entrevoir l'immixtion d'un troisième standard qui viendrait finalement agir comme juge de paix : l'équité.

II – L'équité standard d'humanité

Si la primauté du droit de l'Union européenne semble un principe ancré en droit interne et dont les juges sont le garant, il est concurrencé dans une niche. En effet, le droit fiscal offre une résistance au regard du principe de confiance légitime (A). Pour autant, cette résistance cache peut-être en son sein l'émergence d'un autre standard : le principe d'équité (B).

A – La résistance de la confiance légitime issue de l'article L80A du LPP

En matière fiscale, la tolérance instaurée par la doctrine en matière d'exonération des pourboires permettait, au regard de l'article L80A du livre des procédures fiscales de se protéger d'un droit de reprise aux conséquences potentiellement difficiles. Cette protection, due aux effets que la confiance légitime procure, ne devrait pas résister à la primauté du droit de l'Union européenne. Pourtant, la confiance légitime fait échec à la primauté dans ce cadre jusqu'à ce jour et la Cour administrative d'appel de Paris fait figure de fer de lance dans cette résistance.

---

[1] D'ailleurs, la C.J.U.E. est claire sur ce sujet puisqu'elle rappelle qu'un manquement au droit de l'U.E. peut résulter d'une « pratique administrative » même si la législation est conforme au droit de l'U.E. pour sa part : C.J.C.E., 12 mai 2005, *Commission contre Italie*.

Tout aurait pourtant pu mal se terminer puisque, par une décision de la Cour administrative d'appel de Douai en date du 26 avril 2005[1], la confiance légitime était battue en brèche au nom de la primauté du droit de l'Union européenne, et ce au détriment d'une célèbre enseigne de café. Dans un considérant laconique, le juge tirait les conséquences de ce principe dans toute sa rigueur : « *que toutefois l'interprétation du texte fiscal exprimée dans cette dernière instruction est contraire à un arrêt de la Cour de justice des Communautés européennes du 8 mars 1988, rendu sur renvoi préjudiciel, en matière de champ d'application de la taxe sur la valeur ajoutée, selon lequel la notion de prestation de services effectuée à titre onéreux, au sens de la sixième directive n° 77/388 du 17 mai 1977, suppose l'existence d'un lien direct entre le service rendu et la contre-valeur reçue, ce qui, ainsi qu'il a été dit ci-dessus, n'est pas le cas en l'espèce ; qu'il appartient au juge de l'impôt, chargé d'appliquer dans le cadre de sa compétence les dispositions du droit communautaire, d'assurer le plein effet de ces normes, en laissant au besoin inappliquée toute disposition contraire de la législation nationale ; que, par suite, la société Z Y FRANCE ne peut bénéficier, sur le fondement de l'article L. 80 A du livre des procédures fiscales, de l'interprétation du texte fiscal donnée par l'administration dans l'instruction 4 A-7-83 du 22 août 1983, contraire aux objectifs définis par la sixième directive* »[2]. Échec et mat. La Cour administrative de Douai, dans une lecture très rigoureuse de la primauté, inflige un droit de reprise sans considération des effets éventuellement douloureux sur le plan financier pour les producteurs de café. La confiance peut parfois coûter cher.

---

[1] C.A.A. Douai, 26 avril 2005, n° 02736, *SA Segafredo Zanetti France*.
[2] *Ibid.*

En l'espèce, pas de fioritures, les effets de l'article L80A ne seraient d'aucun secours aux requérants de ce contentieux. Mais trêve d'anachronisme, l'année 2005 est intervenue avant l'année 2010 et, par conséquent, mais le suspens était rompu, la décision *SARL la Frégate*[1] constitue un revirement en faveur de la confiance légitime. En réalité, la situation est plus alambiquée. En effet, une décision de 1991 faisait déjà prévaloir la confiance légitime. Une décision de la Cour administrative d'appel de Paris l'indiquait de manière nette : « *Considérant que, si le ministre soutient que l'interprétation du texte fiscal exprimée dans la documentation administrative est contraire aux objectifs définis par la VI*e *directive communautaire en matière d'assiette de la taxe sur la valeur ajoutée, cette incompatibilité, à la supposer établie, est, en tout état de cause, sans influence sur le droit reconnu au contribuable de se prévaloir, sur le fondement de l'article L.80 A du livre des procédures fiscales, de l'interprétation faite par l'administration d'un texte fiscal en vigueur* »[2]. Bien évidemment, ce n'est pas tant la Cour d'appel de Douai qui s'est distinguée d'une trajectoire jurisprudentielle laissant la prime au principe de confiance légitime que la Cour administrative d'appel de Paris qui a maintenu son cap. Qui dit vrai ? Douai et sa lecture stricte de la primauté ? Paris et son sens de la cohérence ?

Dans ce maelstrom il faut également noter un grand absent. En effet le Conseil d'État, juge suprême, diseur de vérité et juge de paix n'a pu, notamment après la décision douaisienne, donner son sentiment en raison d'un désistement. Quelle position adopterait-il ? la confiance ? la primauté ? Suspense haletant…

---

[1] C.A.A. Paris, 25 mars 2010, *SARL la Frégate. op.cit.*

[2] C.A.A. Paris, 17 décembre 1991, n° 90357, *SARL restauration gestion.*

En définitive, faute d'avoir été tranchée par la Haute juridiction, cette question de la confiance légitime est peut-être privilégiée au nom d'un autre standard.

B – Équité mon sauveur

Que les contradictions entre l'ordre interne et l'ordre européen soient, par une cosmétique mise en œuvre par le juge interne, lentement, mais sûrement annihilées relève du bon sens et de l'application des traités que les États se sont engagés à respecter. Que ces contradictions viennent frapper des administrés trop durement demeure un problème qui confine à l'humanité et, plus juridiquement, à l'équité.

L'équité, qui, selon Gérard Cornu, par « glissement » de sa définition, recouvre aujourd'hui une acception qui souligne un « effort pour rétablir l'égalité en traitant inégalement des choses inégales »[1]. Cette explication, non loin d'un *ingnotus per ignotem*, est assez large pour ne pas dire obscure. En l'occurrence, elle permet de préférer la situation individuelle des requérants en leur conférant le bénéfice du principe de confiance légitime tout en démonétisant celui de la primauté du droit de l'Union européenne. Pour être plus concret, dans l'affaire de *la frégate*, deux exercices fiscaux consécutifs nécessitent un droit de reprise de la T.V.A sur l'ensemble des pourboires accumulés durant le même laps de temps, et ce, conformément au droit de l'Union européenne. Sur ce point, mais seulement sur ce point, la juridiction d'appel a tenu à indiquer que la primauté ne faisait pas obstacle à la confiance légitime émanant du livre des procédures fiscales. L'application stricte du principe de primauté emportait, peut-être, des conséquences financières qui excédaient finalement l'application d'une stricte justice. D'ailleurs, toujours selon Cornu, l'équité consiste en une

[1] G. Cornu, *Vocabulaire juridique*, *op. cit.*

« atténuation » et une *« modification apportées au droit, à la loi, en considération de circonstances particulières »*[1]. Bien que les requérants de *la Frégate*[2] n'aient, finalement, pas obtenu gain de cause en appel et que la décharge des sommes dues ne leur fut pas accordée, la Cour administrative d'appel maintient sa position qui fait primer la confiance légitime. Si financièrement cette proclamation n'a rien changé pour les requérants de *la Frégate*, tel ne fut pas le cas en 1991[3] où les serveurs ont pu, grâce à cette articulation favorisant la croyance dans la doctrine fiscale, sauver leurs pourboires d'une taxation. Nul ne sait si cette taxation combinée aux intérêts de retard était de nature à obérer leur situation financière – on parle de 41 162 francs de l'époque – mais le principe posé par la Cour reste le même que celui posé deux décennies plus tard : la primauté ne fait pas obstacle au principe de croyance légitime. C'est donc, semble-t-il, en parfaite équité, soucieuse de préserver la santé financière des justiciables, que la Cour d'appel a tenu à faire primer ce dernier au grand dam d'un des piliers du droit européen.

Il est fort à parier que le Conseil d'État sera, un jour, saisi de cette articulation au regard de l'application de l'article L80A du livre des procédures fiscales. Tout dans sa jurisprudence laisse à penser que la primauté tiendra sa revanche même s'il n'est pas possible d'en avoir l'absolue certitude. Mais, par son positionnement constant, la Cour administrative d'appel de Paris a décidé, probablement dans un souci d'équité, d'avaliser une résistance du droit interne vis-à-vis du droit de l'Union.

---

[1] *Ibid.*

[2] C.A.A. Paris, 25 mars 2010, *SARL la Frégate. op.cit.*

[3] C.A.A. Paris, 17 décembre 1991, n° 90357, *SARL restauration gestion. Op.cit.*

Titre 2 – Le développement du standard par des acteurs concurrents

Le rôle des autorités de régulation dans l'interprétation des standards du droit des données à caractère personnel

Nina Lasbleiz

Doctorante en droit public

Le règlement général sur la protection des données du 27 avril 2016 (RGPD)[1] est souvent présenté comme un « standard européen » en matière de protection des données à caractère personnel. Né de la volonté de réguler le secteur du numérique au sein de l'Union européenne, le RGPD a vocation à renforcer les droits des administrés en leur donnant plus de contrôle sur leurs données personnelles. Le règlement, applicable depuis le 25 mai 2018, réduit la fragmentation juridique[2] en accentuant le degré d'harmonisation établi par la directive 95/46/CE[3] et s'inscrit dans un paquet européen sur la protection des données[4].

---

[1] Règlement (UE) 2016/679 du Parlement européen et du Conseil du 27 avril 2016 relatif à la protection des personnes physiques à l'égard du traitement des données à caractère personnel et à la libre circulation de ces données (RGPD).

[2] Exposé des motifs de la proposition de règlement, § 3.1.

[3] Directive 95/46/CE du Parlement européen et du Conseil du 24 octobre 1995, relative à la protection des personnes physiques à l'égard du traitement des données à caractère personnel et à la libre circulation de ces données, JO L 281 du 23 novembre 1995, p.31.

[4] Avec la directive relative aux transferts de données à des fins policières et judiciaires : Directive (UE) 2016/680 du Parlement européen et du Conseil du 27 avril 2016 relative à la protection des personnes physiques à l'égard du traitement des données à caractère personnel par les autorités compétentes à des fins de prévention et de détection des infractions pénales, d'enquêtes et de poursuites en la

En France, un cadre juridique préexistait à cette initiative européenne. En effet, à la suite du scandale du fichier « SAFARI »[1], est née en 1978 la loi informatique et libertés[2]. L'idée principale était de créer un instrument juridique contraignant pour garantir l'effectivité des droits et libertés fondamentaux à l'ère de l'informatique. L'article premier de la loi, toujours en vigueur aujourd'hui, résumait parfaitement les grands principes relatifs à la société numérique qu'elle instituait : « L'informatique doit être au service de chaque citoyen. Son développement doit s'opérer dans le cadre de la coopération internationale. Elle ne doit porter atteinte ni à l'identité humaine, ni aux droits de l'homme, ni à la vie privée, ni aux libertés individuelles ou publiques ». Une autorité administrative indépendante, la Commission Nationale de l'Informatique et des Libertés (CNIL), était alors créée par la loi pour veiller au respect de ces principes.

Ce cadre législatif et les valeurs qu'il contient en matière de protection des données personnelles s'exportent désormais en dehors des frontières de l'Union européenne. Certains considèrent à ce titre que le RGPD constitue un standard européen pour le droit international[3], c'est-à-dire

---

matière ou d'exécution de sanctions pénales, et à la libre circulation de ces données, aussi appelée « *directive police-justice* ».

[1] Le projet « S.A.F.A.R.I », souhaité par le ministère de l'Intérieur en 1972, prévoyait « de créer une base de données centralisée de la population, en utilisant le fichier de sécurité sociale comme identifiant commun à tous les fichiers administratifs ». L'article publié dans le journal Le Monde du 21 mars 1974 « SAFARI ou la chasse aux Français » va finalement contraindre le Premier ministre de l'époque, Pierre Messmer, de retirer le projet.

[2] Loi n° 78-17 du 6 janvier 1978 relative à l'informatique, aux fichiers et aux libertés.

[3] A-T. Norodom, « Le RGPD, un standard européen de protection des données au regard du droit international », *in* A. Bensamoun, B.

« un modèle auquel il faudrait se conformer et par rapport auquel une situation ou un comportement pourrait être évalué »[1]. D'autres, sans toutefois aller à l'encontre de cette première acception du standard, ont montré que malgré la coexistence en Europe de deux cadres juridiques relatifs à la protection des données – celui de l'Union européenne et celui du Conseil de l'Europe[2] – les standards de protection des données ont été harmonisés notamment sous l'effet de la jurisprudence des deux cours européennes[3].

La protection des données à caractère personnel comme standard pour le droit international ayant déjà été étudiée en doctrine[4], la présente contribution vise à se détacher du standard au sens de modèle pour se concentrer sur le standard comme un énoncé qui « n'est pas formulé avec précision et qui varie avec le temps, le lieu et les circonstances »[5]. Nous entendrons donc comme standard

---

Bertrand (dir.), *Le règlement général sur la protection des données : aspects institutionnels et matériels*, Mare et Martin, coll. Droit & Science Politique, 2020, p. 84.

[1] *Ibid.*

[2] Conseil de l'Europe, Convention pour la protection des personnes à l'égard du traitement automatisé des données à caractère personnel (STE n°108), 1981.

[3] M. A. Ailincai, « Différents standards européens de protection des données ? À propos du droit de l'Union européenne et du droit du Conseil de l'Europe », *in* A. Bensamoun, B. Bertrand (dir.), *Le règlement général sur la protection des données : aspects institutionnels et matériels*, Mare et Martin, coll. Droit & Science Politique, 2020, p. 105.

[4] V. par ex. A-T. Norodom, « Le RGPD, un standard européen de protection des données au regard du droit international », *in* A. Bensamoun, B. Bertrand (dir.), *Le règlement général sur la protection des données : aspects institutionnels et matériels*, Mare et Martin, coll. Droit & Science Politique, 2020, p. 84.

[5] S. Rials, *Le juge administratif français et la technique du standard, Essai sur le traitement juridictionnel de l'idée de normalité*, LGDJ, 1980, p. 24.

« une norme souple fondée sur un critère intentionnellement indéterminé »[1], permettant « la mesure de comportements et de situations en termes de normalité »[2].

Lorsque l'on se penche sur les principaux textes français et européens encadrant la protection des données, on constate qu'ils disposent de nombreux standards juridiques. Ce sont même les seuls textes encadrant les activités numériques qui en contiennent un certain nombre. On peut citer, pêle-mêle, la « nécessité absolue », « l'intérêt légitime », les « attentes raisonnables », le « niveau de protection équivalent », le « risque élevé », ou encore les « mesures proportionnées ».

Puisque la mise en œuvre d'un standard nécessite l'application d'une disposition indéterminée[3] à une situation de fait, elle impose au juge de déterminer la norme applicable à cette situation[4]. Cependant, ce processus de coproduction des règles de droit[5] entre le législateur et le juge s'estompe en matière de protection des données à caractère personnel au profit d'une tripartition des rôles. On s'aperçoit en effet qu'en amont du contrôle juridictionnel, les standards de protection des données sont précisés par des autorités de régulation, tels que la CNIL et le Comité européen de la Protection des Données (CEDP). La régulation de la protection des données à caractère personnel s'opère ainsi à la fois au niveau européen et au niveau national.

---

[1] G. Cornu (dir.), *Vocabulaire juridique*, Association Henri Capitant, PUF, coll. Quadrige, 10e éd., 2014. Entrée « Standard » ; N. Blanc, « Le juge et les standards juridiques », *RDC* 2016, p. 394.
[2] S. Rials, *op.cit.*, p. 120.
[3] *Ibid.*
[4] P. Orianne, « Les standards et les pouvoirs du juge », *Revue de la recherche juridique droit prospectif*, 1988-4, p. 1037-1068.
[5] D. Mazeaud, « Sur les standards », *RDA* févr. 2014, n° 9, p. 35.

Cette situation soulève des questionnements importants, lorsque les standards tels que la « nécessité absolue », « l'intérêt légitime » ou encore le « niveau de protection équivalent » doivent être interprétés dans des contextes juridiques variés. En effet, ces notions sont délibérément souples pour s'adapter à une multitude de situations, mais cette flexibilité entraîne également une pluralité de référentiels potentiellement divergents entre les différents ordres juridiques nationaux et européens. Cette divergence est accentuée par le fait que ces standards impliquent souvent des jugements de valeur qui reposent sur des conceptions variables de ce qui est considéré comme normal ou raisonnable.

Dans cette configuration, il nous semble intéressant d'étudier le rôle de ces autorités de régulation au sein de l'écosystème des interprètes des standards du droit des données à caractère personnel. Quelles sont les interactions existantes entre les différents interprètes ? Comment les autorités de régulation sont-elles impliquées dans l'interprétation des standards ? Existe-t-il une concurrence entre ces différents acteurs dans l'interprétation des standards ? Pour répondre à ces questions, nous avons choisi d'étudier trois standards présents dans les textes français et européens relatifs à la protection des données :la « nécessité absolue », « l'intérêt légitime » et le « niveau de protection équivalent ». Nous nous sommes intéressés au processus de consolidation de ces standards, à partir de leur création par le législateur jusqu'à leur application par le juge.

À travers cette étude, nous avons constaté que la plupart des standards de protection des données sont liés. Par exemple, les standards de la « nécessité absolue » et du « niveau de protection équivalent » se combinent avec celui des « garanties appropriées ». Le standard de « l'intérêt légitime », pour sa part, fonctionne conjointement avec celui de la « nécessité » et celui des « attentes raisonnables ». Ces standards forment donc un ensemble complexe, dans lequel il est difficile d'évoluer sans en définir précisément chacune de ses composantes. En effet, dans la mesure où l'ensemble de ces standards sont liés entre eux, comment un organisme peut-il par exemple interpréter « l'intérêt légitime » s'il ne sait pas précisément ce qui se cache derrière la notion de « nécessité » à laquelle il est lié ?

C'est précisément à ce stade que les autorités de régulation jouent un rôle prépondérant dans l'interprétation des standards, c'est-à-dire dans l'attribution d'une signification à un énoncé[1]. Les lignes directrices du CEPD ou les avis de la CNIL sont des outils précieux pour nombre de professionnels du droit des données, qui y trouvent des précisions sur l'interprétation des textes applicables (I). Néanmoins, les autorités de régulation ne possèdent pas de monopole en termes d'interprétation des standards du droit des données. Elles doivent composer avec une pluralité d'acteurs, en particulier avec les juges nationaux et européens, ce qui conduit parfois à une concurrence des acteurs (II).

I – Le rôle actif des autorités de régulation dans l'interprétation des standards

Les autorités de régulation jouent un rôle essentiel dans l'interprétation des standards. Si elles ne disposent pas d'un pouvoir d'interprétation à proprement parler (A), elles l'exercent *de facto* afin de garantir l'efficacité et la cohérence des réglementations (B).

---

[1] Il s'agit de la définition donnée par M. Troper au terme « interprétation ». M. Troper, *La philosophie du droit*, PUF, 2015, p. 98.

A – Un pouvoir d'interprétation limité par les missions attribuées aux autorités de régulation

L'explication, par la CNIL et par le CEPD, des notions présentes dans les textes rentre nécessairement dans le cadre de leurs missions respectives. En effet, la CNIL est amenée à accompagner des organismes dans leur mise en conformité. Elle possède à cette fin des moyens d'action variés : elle peut à la fois adopter des actes de manière spontanée (actes contraignants ou non contraignants) ou de manière obligatoire dans les conditions prévues par la loi (autorisations préalables, avis…). Ces actes servent parfois à expliciter des standards en vue d'harmoniser leur application par les organismes.

La CNIL se sert aussi d'actes de droit souple pour présenter certains standards. En effet, elle publie régulièrement sur son site internet des articles de vulgarisation à destination des responsables de traitement. Elle a, par exemple, publié un article au sujet de l'intérêt légitime, offrant une méthode aux responsables de traitement pour déterminer si l'intérêt légitime peut, ou non, constituer la base légale d'un traitement[1]. L'autorité administrative conseille de suivre trois étapes : d'abord, identifier le caractère « légitime » de l'intérêt poursuivi par le responsable de traitement. Ensuite, évaluer le caractère « nécessaire » du traitement. Enfin, opérer une mise en balance entre l'intérêt du responsable de traitement, les atteintes aux droits et libertés des personnes ainsi que leurs « attentes raisonnables ». La CNIL prend néanmoins le soin d'avertir le lecteur qu'il « n'existe pas de liste exhaustive des intérêts considérés comme légitimes, mais le RGPD et la jurisprudence en fournissent des illustrations ». Par cette formulation, elle admet

---

[1] CNIL, « L'intérêt légitime : comment fonder un traitement sur cette base légale ? », publié en ligne, décembre 2019.

implicitement qu'il revient soit au texte, soit au juge d'interpréter ce standard. Il est par ailleurs étonnant de constater que si elle n'attribue pas de signification précise au terme « légitime », elle utilise deux autres standards pour éclairer celui de l'intérêt légitime, sans les définir davantage.

On peut déduire de cette prudence que la mission de la CNIL n'est pas réellement d'interpréter les standards, mais de présenter une méthodologie explicative afin de les appliquer. Sa mission n'est pas de faire œuvre de législateur, en attribuant un sens à un énoncé, mais d'accompagner différents publics (usagers, collectivités, entreprises, etc.) dans leur mise en conformité. En effet, en interprétant véritablement le texte, c'est-à-dire en lui attribuant une signification allant au-delà de la volonté du législateur, la CNIL risquerait de voir son acte de droit souple contesté devant le juge. Rappelons en effet que le Conseil d'État[1] peut être saisi d'un recours pour excès de pouvoir contre les actes décisoires de la CNIL, mais aussi à l'encontre de certains de ses actes de droit souple. À l'aune de l'arrêt GISTI[2], le Conseil d'État a estimé dans un arrêt du 8 avril 2022 qu'une prise de position de la CNIL dans une « foire aux questions » publiée sur son site internet pouvait faire l'objet d'un recours dès lors qu'elle est « susceptible de produire des effets notables sur la situation des personnes »[3]. La CNIL tente ainsi de marcher sur une ligne de crête particulièrement étroite.

---

[1] D'après l'article R. 311-1, 4° du CJA, le Conseil d'État est compétent pour connaître en premier et dernier ressort des recours dirigés contre les décisions prises par la CNIL au titre de sa mission de contrôle ou de régulation.

[2] CE, Sect., n°418142, 12 juin 2020, *GISTI.*

[3] CE, n° 452668, 8 avril 2022, *Syndicat national du marketing à la performance et Collectif des acteurs du marketing digital.*

Le rôle de ces autorités semble ainsi cantonné à la vulgarisation des notions à destination des personnes chargées de les appliquer. Néanmoins, ce partage des tâches relève de l'illusion. Les autorités de régulation exercent, dans les faits, un pouvoir d'interprétation des standards.

B – Un pouvoir d'interprétation exercé au titre de la mission d'harmonisation des autorités de régulation

Le CEPD a précisément été créé afin de garantir l'application « cohérente »[1] des règles européennes en matière de données personnelles. À cet effet, il est chargé d'élaborer la doctrine commune des autorités de protection des données de l'Union européenne et peut ainsi adopter des documents d'orientations générales afin de clarifier les dispositions des actes législatifs européens. La cohérence dans l'application des textes suggère ainsi que le CEPD interprète les standards pour que leur compréhension et leur application soient uniformes sur le territoire de l'Union européenne. Il a donc été amené à apporter des éléments de définition et de clarification plus poussés que la CNIL.

Par exemple, le G29[2], aujourd'hui appelé CEPD, avait proposé une définition du standard de la nécessité absolue dans un avis du 29 novembre 2017[3]. Il estimait en effet qu'il lui revenait d'interpréter la différence entre « nécessité » et « nécessité absolue », dans la mesure où cette interprétation était « absente de la jurisprudence de la CJUE ». Autrement dit, en l'absence de précision par le

---

[1] Article 70 RGPD.

[2] Ancien groupe de travail réunissant l'ensemble des CNIL européennes et aujourd'hui transformé en CEPD.

[3] G29, Avis sur certaines questions clés de la directive (UE) 2016/680, adopté le 29 novembre 2017 (WP258).

juge européen, il reviendrait naturellement à l'autorité de contrôle d'interpréter une notion abstraite. L'analyse des avis du CEPD montre toutefois qu'il se base sur la jurisprudence de la CJUE et celle de la CEDH pour établir sa propre définition.

En ce qui concerne le standard de la simple « nécessité » en matière de protection des données personnelles, le CEPD l'a défini comme supposant « le besoin de procéder à une évaluation factuelle combinée de l'efficacité de la mesure aux fins de l'objectif poursuivi et de déterminer si cette mesure est moins intrusive par rapport aux autres moyens de réaliser le même objectif »[1]. Autrement dit, la nécessité implique d'examiner factuellement si d'autres mesures moins attentatoires aux droits et libertés permettraient de poursuivre la même finalité, dans la logique du contrôle de proportionnalité. L'idée d'évaluation factuelle se retrouve plus loin dans le guide du CEPD et semble en réalité provenir d'une analyse conjointe de la jurisprudence de la CJUE et celle de la CEDH. Le comité soutient en effet que les juges européens interprètent la nécessité comme une « notion factuelle, et non une notion juridique purement abstraite »[2].

Avant cela, le G29 proposait une définition de la « nécessité absolue » en se basant sur la jurisprudence de la CJUE qui estime, en substance, que les dérogations et limitations à la protection des données doivent s'opérer dans les limites du *strict nécessaire*[3]. Le CEPD, par

---

[1] CEPD, Guide pour l'évaluation de la nécessité des mesures limitant le droit fondamental à la protection des données à caractère personnel, en ligne, 11 avril 2017.

[2] *Ibid*, p. 8.

[3] Arrêt de la CJUE du 8 avril 2014, *Digital Rights Ireland*, affaires jointes C-293/12 et C-594/12, point 52 ; voir également l'arrêt de la CJUE du 6 octobre 2015, *Schrems*, C-362/14, point 92.

analogie, établit que le standard de nécessité absolue est employé dans l'article 10 de la directive « pour souligner l'importance d'accorder une attention particulière au principe de nécessité dans le cadre du traitement de catégories particulières de données, et de prévoir des motifs précis et particulièrement solides du traitement de ces données »[1]. Il semblerait donc, pour le CEPD, que l'ajout du caractère *absolu* à la nécessité intervienne plus comme une façon pour le législateur d'insister sur l'importance de la nécessité en cas de traitement de données sensibles, plutôt que comme un standard juridique mobilisable et interprétable par le juge. Autrement dit, il ne semble pas y avoir de gradation de la nécessité, mais une exigence de nécessité renforcée.

C'est, en tout état de cause, ce sur quoi insiste le CEPD. Cela n'a d'ailleurs pas été remis en question par le juge. En témoigne la jurisprudence du Conseil constitutionnel. En effet, si à l'occasion du contrôle de constitutionnalité de la loi relative à la protection des données personnelles[2], il juge utile de préciser le standard des « garanties appropriées » –interprétation qu'il reprend par ailleurs au G29[3] et au considérant 37 de la directive[4] – il ne dit pas un mot sur celui de la « nécessité absolue ».

---

[1] G29, Avis sur certaines questions clés de la directive (UE) 2016/680, prec, p. 9.

[2]Décision n° 2018-765 DC du 12 juin 2018, *Loi relative à la protection des données personnelles*.

[3]*Ibid*, p. 8-9.

[4] Le considérant 37 donne une liste de garanties appropriées possibles : « Des garanties appropriées pour les droits et des libertés de la personne concernée pourraient comprendre la possibilité de ne collecter ces données qu'en rapport avec d'autres données relatives à la personne physique concernée, la possibilité de sécuriser les données collectées de manière adéquate, des règles plus strictes pour l'accès du personnel de l'autorité compétente aux données et l'interdiction de la transmission de ces données ».

Cela témoigne du caractère poreux du rôle des autorités de régulation dans l'interprétation des standards. D'autres acteurs jouent néanmoins un rôle déterminant.

II – Le rôle concurrencé des autorités de régulation dans l'interprétation des standards

Les autorités de régulation ne sont pas les seules interprètes des standards du droit des données à caractère personnel. Elles doivent partager cette prérogative avec une pluralité d'acteurs (A), ce qui conduit parfois à la coexistence de multiples interprétations d'un même standard (B).

A – La mobilisation d'un standard par une pluralité d'acteurs

Les standards de protection des données sont certes interprétés par les autorités de régulation, mais sont également amenés à être appliqués à des cas d'espèce dans le cadre de contentieux. Ces derniers peuvent être à la fois portés devant des juridictions, auquel cas le juge jouera à son tour le rôle d'interprète, mais aussi devant des autorités de régulation qui exercent une fonction contentieuse. Cela conduit ainsi différents acteurs à interpréter puis à appliquer des standards similaires. Un exemple parlant est celui du standard du niveau de protection *substantiellement équivalent*.

Par un arrêt de grande chambre du 16 juillet 2020, dit arrêt « Schrems II », la CJUE a considéré que les deux premiers paragraphes de l'article 46 du RGPD – prévoyant l'encadrement des transferts de données à caractère personnel vers des pays tiers ou à des organisations internationales – devaient être interprétés « en ce sens que les garanties appropriées, les droits opposables et les voies de droit effectives requis par ces dispositions doivent assurer que les droits des personnes dont les données à caractère personnel sont transférées vers un pays tiers sur le fondement de clauses types de protection des données bénéficient d'un niveau de protection *substantiellement équivalent* à celui garanti au sein de l'Union »[1]. Pourtant, l'article 46 du RGPD ne mentionne ni le terme « substantiellement » ni ne parle de protection équivalente. Il faut aller chercher au considérant 104 du RGPD pour trouver une trace de ce niveau de protection, qui doit donc être *équivalent* à celui qu'offre l'Union. En effet, ce considérant dispose que « le pays tiers devrait offrir des garanties pour assurer un niveau *adéquat* de protection *essentiellement équivalent* à celui qui est garanti dans l'Union ». La CJUE a donc cru bon d'ajouter une nuance au niveau de protection, qui doit non seulement être équivalent à celui que propose l'Union européenne, mais surtout l'être *substantiellement*. Par la suite, le juge national et la CNIL ont été amenés à appliquer cette interprétation du juge européen dans le cadre de contentieux.

La CNIL et le Conseil d'État ont été saisis entre 2021 et 2022 de deux affaires importantes concernant le transfert de données vers un pays tiers. Le Conseil d'État d'abord, a été saisi par une dizaine d'associations d'un référé-liberté contre le partenariat signé entre le ministère des Solidarités et de la Santé et la société Doctolib, en ce qu'il prévoit l'hébergement des données de santé sur des serveurs d'Amazon Web Services (AWS), soumis au droit des États-Unis[2]. Le juge des référés rappelle d'abord les

---

[1] CJUE, C-311/18, 16 juillet 2020, *Data Protection Commissioner contre Facebook Ireland Ltd et MaximillianSchrems*, dit arrêt « Schrems II ».

[2] CE, ord. n°450163, 12 mars 2021, *Doctolib*. Cette affaire évoque celle du Health Data Hub. V. CE, ord. n°444937, 13 oct. 2020, *Le*

conséquences de l'arrêt Schrems II et le fait que « les limitations de la protection des données à caractère personnel qui découlent de la réglementation interne des États-Unis ne sont pas encadrées de façon à répondre à des exigences *substantiellement équivalentes* à celles requises par la charte des droits fondamentaux de l'Union européenne ». Il considère néanmoins qu'en l'espèce, l'hébergement des données ne porte pas une atteinte grave et manifestement illégale au droit au respect de la vie privée et au droit à la protection des données personnelles en ce que « le niveau de protection des données [...] ne peut être regardé comme *manifestement insuffisant* ». Pour vérifier ce niveau de protection, qui semble relativement malléable selon les contextes, le juge examine « tant les stipulations contractuelles convenues entre le responsable du traitement ou son sous-traitant établis dans l'Union européenne et le destinataire du transfert établi dans le pays tiers concerné que [...] les éléments pertinents du système juridique de celui-ci »[1]. L'analyse du niveau de protection passe donc par l'étude du cadre juridique en vigueur dans le pays tiers concerné. Autrement dit, il ne s'agit pas d'interpréter le « niveau » au sens de degré ou d'échelon à atteindre, mais de caractéristiques déterminées d'un système juridique. C'est également ce que semble montrer le CEPD dans ses recommandations du 18 juin

---

Conseil national du logiciel libre, première décision européenne à appliquer l'arrêt Schrems II de la CJUE. A ce propos, lire L. Cluzel-Métayer, « L'hébergement de la plateforme des données de santé par Microsoft : une validation sous surveillance », *AJDA* 2021, p. 741.

[1] Ce que le juge des référés fait déjà à l'occasion de l'affaire *Health Data Hub*, afin de pallier « l'angle mort » de l'arrêt *Schrems II* (B. Bertrand, « Polyphonie dans l'appréciation du recours à une solution technique américaine pour la plateforme *Health Data Hub* : le Conseil d'État et l'art de la fugue », *JCP* 2020, n° 1358).

2021[1] et la CNIL à travers son outil en ligne de visualisation des différents niveaux de protection des données des pays dans le monde[2]. Cet outil représente les différents niveaux de protection par couleurs, du bleu foncé – pour les pays les plus protecteurs – à gris – pour les pays les moins protecteurs. La légende de la carte indique bien qu'il ne s'agit pas de classer les pays par degré de protection, mais par les caractéristiques des systèmes juridiques. Par exemple, les pays les plus protecteurs en matière de données personnelles sont les pays « membres de l'UE ou de l'EEE », tandis que les pays grisés, donc les moins protecteurs, ne disposent « pas de loi » en matière de protection des données. Les États-Unis sont classés en violet car s'ils disposent bien d'une législation nationale en la matière ainsi qu'une autorité de protection des données reconnue par la Global Privacy Assembly, ils n'ont été reconnus comme adéquats par la Commission européenne[3] qu'en juillet 2023[4].

---

[1] Le CEPD, dans ses recommandations 01/2020 du 18 juin 2021, précise que lorsque *l'évaluation du droit ou de la pratique du pays tiers* révèle qu'il existe des éléments susceptibles de porter atteinte à l'efficacité des garanties appropriées qu'offre l'instrument de transfert visé à l'article 46 du RGPD, l'exportateur doit suspendre le transfert ou mettre en place des mesures supplémentaires.

[2] Voir l'outil de visualisation sur le site internet de la CNIL : <https://www.cnil.fr/fr/la-protection-des-donnees-dans-le-monde>.

[3] La Commission européenne adopte des décisions d'adéquation en application de l'article 45 du RGPD. Ces décisions établissent qu'un pays tiers assure un niveau de protection adéquat des données à caractère personnel. Ces décisions ont pour effet de permettre le transfert de données à caractère personnel vers ces pays, sans exigences supplémentaires.

[4] Décision d'exécution UE 2023/1795 de la Commission du 10 juillet 2023 conformément au règlement (UE) 2016/679 du Parlement européen et du Conseil relatif au niveau adéquat de protection des données à caractère personnel dans le cadre de confidentialité des données entre l'UE et les États-Unis, C (2023)4745.

La CNIL a aussi été confrontée à l'application du standard du « niveau de protection équivalent ». Elle a en effet été saisie par l'association de Maximilian Schrems, « My Privacy is None of Your Business » (NOYB), d'une réclamation relative au transfert, vers les États-Unis, de données à caractère personnel collectées lors de visites sur des sites internet utilisant les services de Google Analytics[1]. Or, rappelons-le, la CJUE a dans son arrêt Schrems II, invalidé le régime de transfert de données entre l'Union européenne et les États-Unis, dit « Privacy shield ». En l'absence d'une telle décision d'adéquation, le responsable de traitement ou le sous-traitant ne peut transférer des données à caractère personnel vers ce pays tiers que s'il a prévu *des garanties appropriées*[2]. L'arrêt de la CJUE précise que le standard pour les garanties appropriées de l'article 46 du RGPD est celui de « l'équivalence essentielle »[3]. Notons que le terme « substantiel » a disparu pour laisser place à celui d'« essentiel » que l'on retrouve aussi au considérant 104 du RGPD. Dans la mise en demeure du gestionnaire de site web utilisant Google Analytics, la CNIL considère justement que Google n'a pas prévu de telles garanties qui seraient suffisantes pour exclure la possibilité d'accès des services de renseignement américains à ces données[4].

---

[1]L'association a par ailleurs déposé 101 réclamations dans les 27 États membres de l'Union européenne et les trois autres États de l'espace économique européen (EEE) à l'encontre de 101 responsables de traitement qui transféraient des données à caractère personnel vers les États-Unis.

[2] Article 46 RGPD.

[3] CEPD, *FAQ on the judgment of the Court of Justice of the European Union in Case C-311/18*, 23 juillet 2020.

[4] CNIL, « Utilisation de Google Analytics et transferts de données vers les États-Unis : la CNIL met en demeure un gestionnaire de site web », 10 février 2022, en ligne.

Ces deux exemples d'application d'un même standard par une pluralité d'acteurs nous conduisent désormais à analyser les interprétations concurrentes résultant à la fois de l'activité contentieuse de la CNIL et de l'activité juridictionnelle du juge.

B – La coexistence d'interprétations plurielles d'un même standard

À travers ces deux exemples, on voit bien que des interprétations concurrentes peuvent apparaître. En effet, nous l'avons dit, l'interprétation du standard des *garanties appropriées* renvoie au standard de l'*équivalence*. Autrement dit, c'est un cercle vicieux : pour analyser le « niveau de protection substantiellement équivalent », il faut se référer aux « garanties appropriées » prévues, lesquelles sont interprétées au regard de l'« équivalence essentielle ».

L'ordonnance du juge des référés n'est pas plus éclairante sur ce point. Le juge n'analyse pas les procédés techniques mis en place ; il se contente de dire qu'ils ne sont pas manifestement insuffisants. Même constat pour la mise en demeure de la CNIL, qui ne se prononce pas sur les mesures à prendre pour effectivement atteindre le niveau d'équivalence requis. Il apparaît d'ailleurs regrettable que la CNIL ne se prononce pas sur cette question. Elle pourrait pourtant reprendre les recommandations du CEPD du 10 novembre 2020 qui donne des exemples concrets de mesures supplémentaires à mettre en place pour satisfaire la norme d'équivalence essentielle établie par le droit de l'Union[1].

---

[1] CEPD, Recommandations 01/2020 sur les mesures qui complètent les instruments de transfert destinés à garantir le respect du niveau de

De la même manière, concernant le standard de la *nécessité absolue*, le Conseil d'État adopte une position parfois différente de celle du CEPD. Par exemple, à l'occasion d'un contentieux relatif au traitement des antécédents judiciaires (fichier TAJ), l'association La Quadrature du Net (LQDN) contestait la possibilité pour la police nationale et la gendarmerie de recourir à des dispositifs de reconnaissance faciale pour identifier des personnes mises en cause en matière pénale. L'article R. 40-26 du code de procédure pénale prévoit en effet que des données biométriques sont enregistrées dans le TAJ afin de faciliter la constatation des infractions à la loi pénale, le rassemblement des preuves de ces infractions et la recherche de leurs auteurs. LQDN soutenait que le traitement de données biométriques ne répondait à aucune « nécessité absolue » dans la mesure où dans un courrier daté du 12 février 2020, la ministre de la Justice indiquait que « le dispositif de reconnaissance faciale constitue une aide technique au rapprochement opéré par l'enquêteur à partir d'éléments d'information obtenus au cours des investigations menées »[1]. La simple « aide technique » s'oppose de fait au critère de la nécessité absolue, tel que défini par le CEPD. Le Conseil d'État, dans son arrêt du 26 avril 2022, balaie cet argument d'un revers de main en considérant qu'« eu égard au nombre de personnes mises en cause enregistrées dans ce traitement, qui s'élève à plusieurs millions, il est matériellement impossible aux agents compétents de procéder manuellement à une telle comparaison, de surcroît avec le même degré de fiabilité que celui qu'offre un algorithme de reconnaissance faciale »[2]. Autrement dit, la nécessité absolue est justifiée

---

protection des données à caractère personnel de l'UE, 10 novembre 2020.

[1] Requête de l'association La Quadrature du Net, prec.

[2] Conseil d'État, n°442364, 26 avril 2022, *La Quadrature du Net*.

par le fait que les agents compétents ne pourraient pas *physiologiquement* réaliser cette comparaison. Aussi, le juge poursuit en précisant qu'« une telle identification à partir du visage d'une personne et le rapprochement avec les données enregistrées dans le TAJ *peuvent* s'avérer absolument nécessaires ». L'usage du conditionnel est ici étonnant dans la mesure où le critère de nécessité absolue n'implique en aucun cas une éventualité. En effet, à l'occasion d'une autre affaire, relative au traitement de données GendNotes, le rapporteur public, Alexandre Lallet, mentionnait dans ses conclusions que le « test de nécessité absolue revient à se poser la question de savoir si, au regard des circonstances de l'intervention et de la gravité des agissements auxquels il fait face, le gendarme se trouverait dans l'*impossibilité absolue* de s'acquitter de sa mission en s'interdisant de recueillir une donnée sensible ; dans le doute, il doit s'abstenir de la collecter »[1]. Or, c'est précisément sur ce doute que se fonde le Conseil d'État pour juger que l'enregistrement des données biométriques dans le TAJ répond bien à la condition de nécessité absolue.

Les interprètes traditionnels – les juges – se voient ainsi bousculés par de nouveaux acteurs, et en particulier par les autorités de régulation. Ces dernières exercent un pouvoir d'interprétation des standards du droit des données à caractère personnel en vertu de leurs missions d'harmonisation des réglementations et d'information des publics. Cette situation engendre parfois des divergences interprétatives et des incohérences, bien que celles-ci demeurent généralement limitées. En effet, les autorités de régulation tendent à s'appuyer largement sur les décisions des juges nationaux et européens pour orienter leur

---

[1] Conclusions d'A. Lallet, rapporteur public, sous l'arrêt CE, n° 439360, 13 avril 2021, *GendNotes*.

interprétation des standards. C'est aussi au juge qu'il reviendra, en dernier lieu, de trancher dans le cadre d'un litige. Finalement, le juge conserve le dernier mot en matière d'interprétation des standards, malgré le rôle accru des autorités de régulation en droit des données à caractère personnel.

Interprétation juridictionnelle du standard et relations interinstitutionnelles : l'exemple des « affaires courantes »

Gautier Mellot

Doctorant en droit public

Dans la littérature constitutionnelle et administrative, les affaires courantes sont fréquemment définies comme les actes susceptibles d'être adoptés par un gouvernement démissionnaire maintenu en fonctions dans l'attente de son remplacement[1]. La doctrine identifie ainsi une « règle » selon laquelle un gouvernement placé dans cette situation voit ses attributions limitées. Si cette règle est parfois présentée comme une coutume[2] ou une convention de la constitution[3], la majorité des auteurs renvoie à son appréhension juridictionnelle par le Conseil d'État pour en démontrer la juridicité. En 1952, l'Assemblée de la haute juridiction avait en effet jugé pour la première fois que « le gouvernement démissionnaire [...] ne pouvait que procéder à l'expédition des "affaires courantes"[4] », s'attribuant du

[1] Voir notamment R. Chapus, *Droit administratif général*, Montchrestien, 3e éd., 1987, p. 768 ; P. Pactet, « Expédition des affaires courantes », *in* O. Duhamel et Y. Mény (dir.), *Dictionnaire constitutionnel*, PUF, 1992, p. 429 ; « Affaires courantes », *in* M. de Villiers et A. Le Divellec, *Dictionnaire du droit constitutionnel*, Sirey, 13e éd., 2022, p. 6.

[2] Voir *contra,* S. Rials, « Réflexions sur la notion de coutume constitutionnelle », *La Revue administrative*, n°189, 1979, p. 271.

[3] P. Avril, *Les conventions de la constitution*, PUF, 1997, p. 122.

[4] Conseil d'État, Assemblée, 4 avril 1952, Syndicat régional des quotidiens d'Algérie, n°86015, *Lebon,* p. 210 ; Concl. J. Delvolvé,

même coup le contrôle de cette qualification. Le Conseil d'État s'est donc arrogé la faculté d'annuler un acte adopté par un gouvernement démissionnaire au motif qu'il ne pourrait être regardé comme une affaire courante, cette dernière expression illustrant la mobilisation par le juge administratif français de standards, c'est-à-dire de dispositions indéterminées servant d'étalon de normalité[1].

L'éventualité d'une invalidation juridictionnelle n'entraîne cependant pas le monopole du juge administratif sur la détermination du contenu des « affaires courantes ». Le Conseil d'État ne se prononce que sur les actes effectivement adoptés par le gouvernement, qui reste le premier interprète de ce standard. De plus, des formes de contrôle non-juridictionnel - notamment parlementaires - influencent l'usage que le gouvernement démissionnaire fait de son pouvoir. La pluralité d'acteurs impliqués dans l'interprétation des « affaires courantes » est donc essentielle pour comprendre le contenu donné à cette notion. Plus généralement, le pouvoir normatif exercé par les autorités habilitées s'insère dans un « système de relations entre les pouvoirs publics[2] » qui le conditionne et constitue en cela une contrainte juridique[3]. Comme

---

Gaz. Pal., I, 1952, p. 261 ; note G. Vedel, *JCP*, 1952, p. 7138 ; note M. Waline, *RDP*, 1952, p. 1029.

[1] S. Rials, *Le juge administratif et la technique du standard. Essai sur le traitement juridictionnel de l'idée de normalité*, LGDJ, 1980. En application de sa typologie, l'auteur qualifie le standard d'affaires courantes de standard *inclusifprimaire* (« termes qui sont de purs instruments de mesures, de purs étalons, eux-mêmes étalonnés en termes de normalité » - p. 77 et 78), *non quantifiable* (p. 129) et *descriptif* (en ce que le commissaire du gouvernement Delvolvé avait défini la notion à partir de « l'activité quotidienne et continue de l'administration » - p. 135).

[2] M. Troper, « Le problème de l'interprétation et la théorie de la supralégalité constitutionnelle », *in Pour une théorie juridique de l'État*, PUF, 1994, p. 306 et 313.

[3] M. Troper et V. Champeil-Desplats, « Proposition pour une théorie

activité de production de normes[1], l'interprétation se situe-t-elle aussi dans un jeu où différents acteurs – juridictionnels comme non juridictionnels – interagissent et modèlent leurs comportements en fonction des interactions passées ou anticipées.

L'apparition d'un nouvel acteur, conséquence du contrôle consacré par le Conseil d'État, modifie donc la manière dont les autres organes (gouvernement en tête) s'emparent du standard « affaires courantes ». Cet article entend ainsi prendre pour objet les interactions institutionnelles qui naissent de l'interprétation juridictionnelle du standard d'affaires courantes. Il s'agira plus précisément d'analyser les interactions entre les autorités non-juridictionnelles et la juridiction administrative qui découlent du contrôle exercé par cette dernière sur les « affaires courantes ». Cette étude de l'environnement institutionnel du contrôle exercé par le Conseil d'État vise une compréhension accrue du comportement tant du juge administratif en présence d'acteurs concurrents que des acteurs non juridictionnels confrontés à l'office du juge administratif.

Pour identifier ces influences réciproques, il est possible de distinguer deux conséquences du contexte institutionnel qui entoure la juridiction chargée de l'interprétation du standard. D'une part, la présence d'autres acteurs oblige le juge administratif à justifier son contrôle (I). D'autre part, les autres acteurs peuvent réagir à l'existence de ce contrôle juridictionnel (II).

---

des contraintes juridiques », *in* M. Troper, V. Champeil-Desplats et C. Grzegorczyk (dir.), *Théorie des contraintes juridiques*, LGDJ, 2005, pp. 11-23.

[1] M. Troper, « Pour une théorie réaliste de l'interprétation », *RevistaOpinãoJurídica*, n°8, 2006, p. 312.

I – La justification de l'interprétation juridictionnelle du standard

Comme tous les acteurs, les juges doivent tenir compte du système institutionnel dans lequel ils sont immergés[1]. Les acteurs juridictionnels sont cependant dans une position originale. Ne disposant, selon la formule d'Hamilton, d'aucune influence sur l'épée ou sur la bourse, leur pouvoir est conditionné à l'obéissance des autres acteurs[2]. Pour l'obtenir, les juges s'attachent donc à justifier la manière dont ils exercent leurs fonctions. En 1952, cette contrainte a obligé la juridiction à justifier les deux normes d'habilitation qu'il est possible de déceler dans sa décision *Syndicat régional des quotidiens d'Algérie*. La première relative au pouvoir du gouvernement démissionnaire, limité à « l'expédition des "affaires courantes" » (A) ; la seconde portant sur l'office du juge de l'excès de pouvoir, dorénavant compétent pour annuler les actes qui outrepasseraient cette limite (B).

A – La justification des limites au pouvoir du gouvernement démissionnaire

Le 17 juin 1946, le Gouvernement provisoire de la République française adopte un décret de transposition au territoire algérien de la loi du 11 mai 1946 dont l'objet était la nationalisation des biens de la presse collaborationniste[3]. Au soutien de leur demande d'annulation contentieuse, les requérants invoquent l'incompétence du gouvernement démissionnaire. Le

[1] L. Epsein et K. Weinshall, *The Strategic Analysis of Judicial Behavior – A comparative Perspective*, Cambridge University Press, 2021, p. 9.

[2] *Ibid.*, p. 8.

[3] *JO* du 12 mai 1946, p. 4093 et *JO* du 25 juin 1946, p. 5698.

décret avait en effet été pris alors que le cabinet tripartite dirigé par Félix Gouin avait remis ses pouvoirs entre les mains de la seconde assemblée constituante depuis près d'une semaine[1]. L'Assemblée du Conseil d'État annule le décret attaqué au motif « que le gouvernement démissionnaire, selon un principe traditionnel de droit public [...], ne pouvait que procéder à l'expédition des "affaires courantes"[2] » et que le décret contesté ne pouvait être considéré comme tel.

L'origine quelque peu mystérieuse de ce principe s'éclaire à la lecture des conclusions du commissaire du gouvernement Jean Delvolvé[3]. Selon ce dernier, le traitement de la requête exige d'abord « de savoir si les affaires courantes constituent une catégorie juridique définie ». Pour répondre par la positive, Delvolvé confronte la configuration institutionnelle de la IVe République avec celle de la IIIe République. Alors que les lois constitutionnelles de 1875 consacraient selon lui un « exécutif autonome », le gouvernement de la constitution de 1946 « ne puise son pouvoir que dans la seule confiance de l'Assemblée. » Ainsi, « que cette confiance vienne à manquer, soit que l'Assemblée la refuse, soit que ses pouvoirs expirent, le gouvernement n'est plus rien, ses pouvoirs n'ont plus aucun support. » Cette justification ne pouvait cependant suffire dans la mesure où le décret contesté avait été pris avant l'entrée en vigueur de la constitution d'octobre 1946, sous l'empire de la loi du 2

[1] Assemblée nationale constituante, séance du 11 juin 1946, *JODP,* p. 2494.
[2] Conseil d'État, Assemblée, 4 avril 1952, Syndicat régional des quotidiens d'Algérie, n°86015, *Lebon,* p. 210.
[3] Pour éviter l'abondance des références, on renverra, pour l'ensemble du paragraphe suivant à : Conclusions Delvolvé sur Conseil d'État, Assemblée, 4 avril 1952, Syndicat régional des quotidiens d'Algérie, n°86015, *Gaz. Pal.,* 1952, p. 263.

novembre 1945. Pour Delvolvé, le régime provisoire consacrait un « régime d'assemblée[1] » dans lequel le gouvernement n'était qu'un « mandataire de l'Assemblée ». « Comment dès lors, pourrait-on admettre qu'un gouvernement désinvesti [...] ait pu détenir une parcelle quelconque de compétence, en dehors des affaires demandant une solution quotidienne et immédiate ? »

Le commissaire fonde ainsi la limitation des compétences du gouvernement démissionnaire sur l'*origine parlementaire du pouvoir gouvernemental*. Or, qu'est-ce que le régime parlementaire sinon un « mode spécifique de légitimation de l'exécutif par le Parlement » assis sur la confiance accordée au premier par le second[2] ?

Il est donc possible de reconstruire, dans les conclusions de Delvolvé, une théorie constitutionnelle parlementaire – bien que ce dernier n'y fasse jamais explicitement référence. Cette absence s'explique sans doute par deux raisons stratégiques distinctes. D'une part, l'étiquette de « régime parlementaire » ne pouvait suffire dans la mesure où cette qualification était justement refusée au régime provisoire d'après-guerre. D'autre part, cette mention aurait eu pour conséquence d'affaiblir l'opposition entre les constitutions de 1875 et de 1946 sur laquelle se fondait l'argumentation du commissaire. Après tout, les deux régimes comportaient indubitablement les critères traditionnels de définition du régime parlementaire.

On doit également remarquer que la justification retenue ne ménage qu'une place restreinte aux arguments

[1] Qualification qu'il affirme reprendre de « la plupart des auteurs », « et en particulier le Professeur Vedel ».

[2] D. Baranger et A. Le Divellec, « Régime parlementaire », *in* M. Troper et D. Chagnollaud (dir.), *Traité international de droit constitutionnel, t. 2*, Dalloz, 2012, p. 172.

textuels, ici indisponibles. L'article 52 de la constitution de 1946 qui faisait référence aux « affaires courantes » ne s'appliquait qu'en cas de dissolution, et le décret contesté avait de toute façon été pris plusieurs mois avant l'entrée en vigueur de la constitution. Selon Delvolvé, la présence de l'expression « affaires courantes » dans la constitution de 1946 démontre toutefois que ces dernières sont « susceptibles de définition juridique ». Le commissaire du gouvernement relève également que Félix Gouin avait, au nom du Gouvernement provisoire, évoqué l'expédition des affaires courantes lors de l'annonce de sa démission[1]. Seulement, l'objectif de la juridiction n'était pas tant de contrôler les actes du cabinet dirigé par Gouin (remplacé depuis près de six ans) que d'imposer son contrôle sur l'ensemble des gouvernements démissionnaires. Le Conseil d'État ne pouvait donc, sauf à affaiblir sa propre justification, qu'attribuer un caractère récognitif à ce texte, ce qu'il fit dans le deuxième considérant de la décision[2]. Ces énoncés ne servent ici que de ressources argumentatives accessoires, puisque l'objectif est de faire apparaître les limites non comme le produit d'une volonté (de la juridiction administrative ou de celle du

---

[1] À la tribune, le président du gouvernement provisoire affirme : « le Gouvernement démissionnaire assurera, en attendant [son remplacement] et selon l'usage, l'expédition des affaires courantes. » (Assemblée nationale constituante, séance du 11 juin 1946, *JODP,* p. 2494).

[2] « Considérant que le président du gouvernement provisoire ayant donné sa démission le 11 juin 1946 à l'Assemblée constituante, laquelle a procédé le 19 juin à l'élection de son successeur, qui a constitué un gouvernement le 23 juin, le gouvernement démissionnaire, selon un principe traditionnel de droit public, et *ainsi que son chef l'a d'ailleurs reconnu dans une communication dont l'Assemblée a donné acte le 11 juin*, ne pouvait que procéder à l'expédition des "affaires courantes" » (Conseil d'État, Assemblée, 4 avril 1952, Syndicat régional des quotidiens d'Algérie, n°86015, *Lebon*, p. 210, notre italique).

gouvernement lui-même), mais comme issues de la seule *configuration institutionnelle.* Il n'est pas contre pas anodin que la dénomination « affaires courantes » ait elle été reprise de certaines sources formelles et protocolaires du droit constitutionnel, participant à l'impression d'un « déjà-là » propice à l'acceptation de la décision par les acteurs et commentateurs de ce droit.

Le recours à cette justification se comprend par les avantages qu'elle comporte pour un acteur juridictionnel soucieux de dissimuler son pouvoir. La capacité de l'argument à répondre à cet impératif tient d'abord à ce que celui qui le mobilise peut se présenter comme un simple interprète du texte constitutionnel. Il permet de faire apparaître les limitations au pouvoir gouvernemental comme le résultat logique de l'interprétation des dispositions textuelles, et ce malgré l'absence de texte prévoyant de telles limitations. Faire découler les limites au pouvoir gouvernemental de la structure des institutions permet au demeurant d'éviter de se soumettre à la volonté d'un autre organe capable de modifier le texte habilitant[1].

Une fois affirmée l'existence d'une norme limitant les compétences du gouvernement démissionnaire à l'expédition des affaires courantes, reste à justifier l'invocabilité d'un tel moyen devant le juge administratif.

B – La justification du contrôle juridictionnel des limites au pouvoir du gouvernement démissionnaire

Si l'existence de limites aux compétences du gouvernement démissionnaire fit l'objet d'un important effort de justification, le contrôle juridictionnel était en réalité le véritable enjeu de la décision du Conseil d'État.

---

[1] A. Le Pillouer, « Les contraintes d'un paradoxe : les lois constitutionnelles inconstitutionnelles », *Droits,* n°55, 2012, p. 127.

Seule la consécration d'un contrôle juridictionnel sur ces limites était en effet susceptible de modifier la situation institutionnelle du gouvernement démissionnaire et de remettre en cause son pouvoir discrétionnaire[1]. D'ailleurs, le gouvernement Pinay en défense s'opposait uniquement au contrôle du Conseil d'État sur la qualification d'affaires courantes, estimant que cette dernière ne relevait que des « rapports entre les pouvoirs publics[2] ». L'extension du contrôle juridictionnel ne pouvait donc aller sans justification.

Pour ce faire, le commissaire du gouvernement Jean Delvolvé postule d'abord que « les règles constitutionnelles ne peuvent rester lettre morte ». Le contrôle est au contraire « indispensable pour la garantie des libertés publiques et des droits des citoyens ».Il faut donc qu'un organe soit chargé de sanctionner les violations potentielles de la règle constitutionnelle qu'il vient de dégager. Or, les contrôles extra-juridictionnels sont, d'après Delvolvé, inefficaces. C'est d'abord le cas du

---

[1] S. Rials, *Le juge administratif et la technique du standard. Essai sur le traitement juridictionnel de l'idée de normalité*, LGDJ, 1980, p. 237.

[2] Une nouvelle fois, on renverra pour le paragraphe suivant à : Conclusions Delvolvé sur Conseil d'État, Assemblée, 4 avril 1952, Syndicat régional des quotidiens d'Algérie, n°86015, *Gaz. Pal.*, 1952, p. 263. Les préventions à l'encontre du contrôle juridictionnel s'élevèrent également en doctrine. Si la limitation des compétences gouvernementales bénéficiait d'un large consensus doctrinal, le contrôle du juge administratif fit l'objet d'évaluations plus diverses. Alors que le Georges Vedel accueillait cette extension du contrôle juridictionnel avec enthousiasme (G. Vedel, Note sous CE 4 avril 1952, Syndicat régional des quotidiens d'Algérie, *JCP,* 1952, p. 7138), le conseiller d'État Marcel Lachaze pointait le danger de rentrer sur le terrain de l'appréciation politique par l'extension « jusqu'à ses extrêmes limites [du] contrôle juridictionnel des actes administratifs » (M. Lachaze, « L'expédition des affaires courantes en période de crise ministérielle », *D.*, 1952, p. 65).

contrôle parlementaire : l'engagement de la responsabilité politique d'un gouvernement déjà démissionnaire n'est pas envisageable et la responsabilité pénale des ministres démissionnaires qui outrepasseraient leurs compétences n'empêcherait pas l'acte illicite de produire ses effets. Quant à l'annulation législative de cet acte, elle lui semble « peu vraisemblable ». Le contrôle exécutif n'est guère plus valorisé par le commissaire du gouvernement. Il serait envisageable de s'en remettre au contreseing du chef de l'État, mais le Président de la République n'a pas une compétence générale de signatures des actes des ministres. Trop parcellaire, ce contrôle ne s'applique de toute façon pas au cas d'espèce, les fonctions de chef de l'État et de chef du gouvernement étant, sous l'empire de la loi constitutionnelle du 2 novembre 1945, réunies. Enfin, le retrait des actes du gouvernement démissionnaire par son successeur serait « d'une mise en œuvre trop difficile », voire « juridiquement impossible » pour les actes créateurs de droit. L'absence de contrôle non-juridictionnel efficace imposerait donc la compétence du juge administratif. Delvolvé termine sa démonstration en anticipant l'objection de la difficulté de qualification des « affaires courantes ». Si cette mission lui apparaît « délicate », c'est pour mieux affirmer que la qualification ne présentera « dans les hypothèses les plus générales », pas de difficultés.

Défendu au nom de « la garantie des libertés publiques et des droits des citoyens », le contrôle juridictionnel s'accompagne d'un accroissement du pouvoir du Conseil d'État. Cet accroissement tient d'abord à l'intensification du contrôle exercé sur les actes adoptés par les gouvernements démissionnaires, qui doivent non seulement respecter les critères de légalité applicables à tout acte administratif, mais également rentrer dans la catégorie des « affaires courantes ». Ce nouveau motif d'illégalité d'un acte administratif offre ainsi une plus grande marge de manœuvre au juge administratif pour justifier ses décisions d'annulation. Le renforcement du contrôle peut également être lu comme une incitation, pour de potentiels requérants, à agir au contentieux contre les mesures prises par un gouvernement démissionnaire. Ne pouvant s'auto-saisir, le Conseil d'État est dépendant des recours en contestation des actes des autorités soumises à son contrôle. L'exercice par le gouvernement de ses compétences ne profite au juge administratif que dans la mesure où ce dernier est amené à en connaître. En accroissant les probabilités d'être saisi, le Conseil d'État augmente corollairement les occasions de contrôler l'action du gouvernement.

Cette rapide présentation des effets institutionnels de la décision du Conseil d'État amène désormais à s'interroger sur la réaction des acteurs concurrents au contrôle exercé par la juridiction administrative.

II – La réaction des acteurs non juridictionnels à l'interprétation juridictionnelle du standard

La justification développée par le Conseil d'État en 1952 était notamment destinée à convaincre les autres acteurs du bien-fondé du contrôle nouvellement consacré. Pour interroger le succès de cette entreprise, il faut désormais s'intéresser au comportement des acteurs confrontés au contrôle du Conseil d'État sur les « affaires courantes ». Pour ce faire, il apparaît pertinent d'étudier successivement leurs réactions à la consécration du contrôle juridictionnel (A) puis l'anticipation du contrôle une fois ce dernier consacré (B).

A – La réception de la consécration du contrôle

L'étude de la réaction des organes non juridictionnels à la consécration d'un contrôle juridictionnel revient à s'intéresser à la réception de la décision rendue en 1952 par le Conseil d'État. Cette décision est non seulement la première à opérer un contrôle juridictionnel sur les compétences du gouvernement démissionnaire, mais constitue également l'unique occurrence d'une annulation contentieuse fondée sur ce moyen d'incompétence. Pourtant, la lecture des débats parlementaires laisse apparaître une surprenante acceptation de la décision du juge administratif.

Le contrôle nouvellement consacré par la juridiction administrative est en effet reçu avec une forme d'évidence, voire de complaisance. Si les parlementaires ne sont certes pas les premiers concernés par ce contrôle, les membres du cabinet ne sont pas plus offensifs face à cette immixtion du juge administratif. Parlementaires comme ministres au banc semblent d'emblée admettre l'existence du contrôle, dont ils ne relèvent d'ailleurs presque jamais la nouveauté. Tout juste Fonlupt-Esperaber note-t-il (trois mois après la lecture de l'arrêt) que « c'est la première fois que le Conseil d'État affirme qu'il a qualité pour fixer par une décision juridictionnelle ce qui est et ce qui n'est pas expédition des affaires courantes[1] » sans se prononcer sur l'opportunité de ce contrôle.

Quant à l'appréciation du Conseil d'État sur le décret contesté, certains parlementaires ne se contentent pas d'accepter passivement l'invalidation prononcée, mais semblent même la justifier. Ainsi, Desson (SFIO) estime qu'« aucune contestation n'est possible » et « suppose donc que personne n'a l'intention d'élever une protestation contre l'attitude du commissaire du

[1] Assemblée nationale, séance du 10 juillet 1952, *JODP*, p. 3805.

Gouvernement auprès du Conseil d'État, concluant très justement à l'annulation du décret[1] ». Léotard (RGR) évoque pour sa part la « sagesse » du Conseil d'État et cite même longuement les conclusions de Delvolvé[2]. Gosset (MRP) invoque quant à lui le souci « de faire respecter les décisions du Conseil d'État[3] ». Seul Dupuy (PCF) se fait plus critique à l'égard de la décision et estime que le décret attaqué aurait pu être qualifié d'affaire courante en raison de son urgence[4]. Pour l'orateur communiste, la décision est d'autant plus contestable que la section de l'intérieur du Conseil d'État avait approuvé le décret et que les gouvernements successeurs n'avaient pas remis en cause les arrêtés de dévolutions pris par le gouverneur général de l'Algérie (ce qui valait donc ratification implicite du décret contesté). À cette exception près, les parlementaires ne remettent pas en cause l'interprétation juridictionnelle du standard « affaire courante », ni dans son principe ni dans son application d'espèce.

Si les parlementaires sont relativement discrets en ce qui concerne les pouvoirs du gouvernement démissionnaire, les conséquences de l'annulation en matière de presse font au contraire l'objet de nombreuses discussions. Trois interpellations portant sur l'arrêt du Conseil d'État, jointes et discutées lors de la séance du 11 avril 1952, reflètent cette focale et illustrent les oppositions entre les différentes tendances de l'assemblée

---

[1] Assemblée nationale, séance du 11 avril 1952, *JODP*, p. 2223.

[2] Assemblée nationale, séance du 11 avril 1952, *JODP*, p. 2222 et 2225. Fonlupt-Esperaber cite également le commissaire du gouvernement dans la séance du 10 juillet (Assemblée nationale, séance du 10 juillet 1952, *JODP*, p. 3804).

[3] Assemblée nationale, séance du 11 avril 1952, *JODP*, p. 2225.

[4] L'orateur affirme à la tribune que « pour les républicains et résistants, le châtiment des journaux collaborateurs était bien une affaire urgente » (Assemblée nationale, séance du 11 avril 1952, *JODP*, p. 2224.

quant aux mesures visant les entreprises de presse collaborationnistes. Alors que Léotard profite de l'annulation juridictionnelle pour demander au gouvernement de rapporter les transferts d'entreprises de presse pris en application du décret annulé, la majorité des groupes parlementaires souhaite au contraire contenir les effets de la décision du 4 avril.

Tel est l'objet de la proposition de loi portée par Desson, qui consiste à reprendre plusieurs articles du décret annulé et à valider les transferts intervenus sur la base de ce dernier[1]. Comme l'ensemble des partisans de ces validations législatives, Desson invoque la nécessité de régulariser la situation juridique[2]. Quant à la réitération de la norme, ses défenseurs insistent sur le caractère formel de l'annulation juridictionnelle : dès lors que le contenu du décret n'est pas en cause, il suffit selon eux de reprendre les mêmes règles dans un autre acte[3]. La réitération du décret de juin 1946 posait cependant deux problèmes distincts, l'un formel et l'autre temporel.

Le premier problème tenait à la forme que devait emprunter la réitération des dispositions du décret annulé. L'adoption d'un décret similaire par un gouvernement de plein exercice, que le moyen d'annulation choisi par le Conseil d'État rendait possible et qui aurait eu l'avantage de la rapidité, était compromise par l'abolition du « régime des décrets » dans le statut algérien adopté en 1947[4]. Pour

---

[1] Annexe n°3309, *JO – Documents parlementaires*, Assemblée nationale, p. 993.

[2] Voir notamment : Rapport n°3731 fait par A. Sportisse au nom de la commission de l'intérieur sur la proposition de loi n°3309, *JO - Documents parlementaires*, Assemblée nationale, p. 1388.

[3] L'argument est par exemple employé par Gosset (Assemblée nationale, séance du 11 avril 1952, *JODP*, p. 2225) et Marcellin (*Ibid.*, p. 2227).

[4] Art. 8 de la loi n°47-1853 du 20 septembre 1947 portant statut

certains acteurs, il appartenait désormais au Parlement français de légiférer pour l'Algérie. Desson justifie en tout cas sa proposition par les doutes qui pèseraient sur la légalité d'un décret, ce en quoi il est suivi par le secrétaire d'État à la présidence du Conseil Marcellin[1] puis par la section de l'intérieur du Conseil d'État[2]. L'originalité de la situation tient donc à l'impossibilité d'une réitération de la norme par l'auteur même de l'acte (le gouvernement) et au choix subséquent d'emprunter la voie législative[3].

Ce choix n'est d'ailleurs pas étranger au problème temporel que posait la réitération des dispositions du décret. L'annulation contentieuse intervenait en effet alors qu'une proposition de loi tendant à modifier celle du 11 mai 1946 était en discussion[4]. Les modifications apportées en commission à la proposition Desson sont d'ailleurs justifiées par la volonté « de ne faire subir, par le biais d'un texte intéressant l'Algérie, aucune modification à la loi du 11 mai 1946 elle-même[5] ». Et ce afin « de ne pas préjuger de la volonté du législateur qui aura sans doute dans un proche avenir à étudier l'ensemble du

---

organique de l'Algérie (*JO* du 21 septembre 1947, p. 9471).

[1] Assemblée nationale, séance du 11 avril 1952, *JODP*, p. 2227.

[2] L'avis rendu à la demande du gouvernement est lu à la tribune par Jean Minjoz (Assemblée nationale, séance du 10 juillet 1952, *JODP*, p. 3805).

[3] Jean Minjoz est d'ailleurs explicite sur ce point : « Vous devez vous substituer à l'exécutif, puisque celui-ci ne peut plus prendre de décret ; vous devez voter une loi qui sera applicable à l'Algérie. » (Assemblée nationale, séance du 10 juillet 1952, *JODP*, p. 3799).

[4] Annexe n°2398, *JO – Documents parlementaires*, Assemblée nationale, p. 8. À la suite de son interpellation, Léotard dépose une proposition de loi d'abrogation de la loi du 11 mai 1946, qui est jointe à celle de Gosset (Annexe n°3053, *JO – Documents parlementaires*, Assemblée nationale, p. 604).

[5] Rapport n°3731 fait par A. Sportisse au nom de la commission de l'intérieur sur la proposition de loi n°3309, *JO - Documents parlementaires*, Assemblée nationale, p. 1388.

problème[1]. » En séance, Jean Minjoz se fait plus direct : « Jusqu'à la date de discussion de ce rapport vous devez, mes chers collègues, sous peine de commettre une injustice profonde, un acte inéquitable et en même temps, à mon avis, antijuridique, maintenir en Algérie l'application de la loi du 11 mai 1946[2]. » Le texte voté en première lecture à l'Assemblée nationale déclare ainsi applicable à l'Algérie la loi du 11 mai 1946, sans reprendre les modifications de cette loi contenues dans le décret annulé. Malgré l'opposition du Conseil de la République[3], c'est cette version du texte qui est finalement

---

[1] Rapport n°4041 fait par A. Berthet au nom de la commission de la presse sur la proposition de loi n°3309, *JO - Documents parlementaires*, Assemblée nationale, p. 1695.

[2] Assemblée nationale, séance du 10 juillet 1952, *JODP*, p. 3799.

[3] Le texte adopté en première lecture par l'Assemblée nationale est encore écourté au Conseil de la République, qui en retranche les articles de validation, qualifiés d'« énormités juridiques et législatives » par le rapporteur Schwartz, notamment en raison de leur rétroactivité (Assemblée nationale, séance du 12 décembre 1952, *JODP*, p. 6230). Le contre-projet socialiste qui confirmait le texte de l'Assemblée nationale n'est toutefois rejeté que de justesse (Conseil de la République, séance du 4 décembre 1952, *JODP*, p. 2242). À la chambre basse, la rapporteuse de la commission de l'intérieur Sportisse défend le retour au texte initialement voté par l'Assemblée nationale. Elle reproche au texte issu de la chambre haute de ne pas permettre de « régulariser, sur le plan juridique, la situation qui était résultée de l'annulation, pour vice de forme, du décret du 17 juin 1946 », de ne pas « respecter les décisions déjà prises à l'égard des entreprises de presse », mais aussi de ne pas être « applicable » (Rapport n°5034 fait par A. Sportisse au nom de la commission de l'intérieur sur l'avis donné par le Conseil de la République sur la proposition de loi n°3309, *JO - Documents parlementaires*, Assemblée nationale, p. 3245). Si ces dispositions souffrent d'un défaut d'applicabilité à l'Algérie, c'est parce que la loi de mai 1946 prévoit le transfert des biens des journaux ayant continué à paraître après l'occupation du territoire. Le territoire algérien n'ayant été occupé, il n'est pas possible d'y appliquer purement et simplement la loi de 1946 (voir par exemple le propos de Berthet : Assemblée nationale, séance

adoptée par l'Assemblée nationale le 12 décembre 1952[1].

Le législateur a donc atténué les conséquences de la décision rendue par le Conseil d'État le 4 avril 1952, sans toutefois les neutraliser totalement. La juridiction administrative a cependant réussi à imposer son contrôle sur les « affaires courantes » sans susciter de réaction hostile de la part des parlementaires et du gouvernement. L'acceptation du contrôle juridictionnel s'explique peut-être par la capacité du gouvernement à l'anticiper et à se soustraire à ses effets les plus dommageables.

B – L'anticipation du contrôle consacré

Une fois consacré, le contrôle du Conseil d'État sur les « affaires courantes » peut être anticipé par les acteurs non juridictionnels. Ces derniers peuvent aisément prévoir que les actes adoptés par le gouvernement démissionnaire feront peut-être l'objet d'un contentieux devant la juridiction administrative. Le gouvernement peut alors chercher à *éviter* ce contrôle ou à s'y *préparer*.

L'*évitement du contrôle* consiste pour le gouvernement à se soustraire à la situation qui conditionne ce contrôle. Il s'agit ici de retarder au maximum la démission gouvernementale pour ne pas être soumis à la jurisprudence du Conseil d'État relative aux

---

du 12 décembre 1952, *JODP*, p. 6229). C'est pourtant ce que faisait le texte voté par l'Assemblée en première lecture conformément au rapport de Sportisse elle-même. La discussion semble en réalité souffrir de l'absence de distinction entre les dispositions de réitération et les dispositions de validation. Les parlementaires traitent les secondes comme des modifications à la loi de 1946, et – pour les partisans du texte – semblent penser qu'elles en permettent l'application aux départements algériens. Cette équivoque n'est cependant jamais relevée par les orateurs.

[1] Assemblée nationale, séance du 12 décembre 1952, *JODP*, p. 6230.

gouvernements démissionnaires. La pratique de l'acceptation tardive de la démission du Président du conseil par le Président de la République sous la IVe République a ainsi été interprétée comme une manière de laisser au président du Conseil ses pleines compétences en attendant la résolution de la crise ministérielle[1]. Pareille stratégie est d'ailleurs assumée par certains acteurs gouvernementaux. Dans une note datée du 7 mars 1978 consacrée à « la situation du Gouvernement à la suite d'élections législatives », le directeur du secrétariat général du gouvernement revient sur les précédents et la pratique institutionnelle de la Ve République. L'auteur affirme à cette occasion que « sur le plan juridique, il y a intérêt à limiter la période pendant laquelle un Gouvernement démissionnaire se trouve en fonctions. En effet, il ne peut, pendant cette période, qu'expédier les affaires courantes [...] C'est pourquoi les précédents de la Ve République vont dans le sens d'une réduction au maximum de la période qui sépare la démission du Gouvernement et la nomination du nouveau Premier Ministre[2]. » Le contrôle ne peut évidemment pas toujours être évité et il s'agit alors de le préparer.

La *préparation du contrôle* consiste pour le gouvernement à identifier les risques d'annulation contentieuse et à les éliminer des textes susceptibles d'être soumis au Conseil d'État. S'installe alors une « logique de la prévention[3] » des annulations juridictionnelles. C'est le

---

[1] S. Arné, *Le président du Conseil des ministres sous la Quatrième République*, LGDJ, 1962, p. 57. Cité par F. Bouyssou, « L'introuvable notion d'affaires courantes : l'activité des gouvernements démissionnaires sous la Quatrième République », *RFSP*, n°20-4, 1970, p. 649.

[2] Archives nationales, Fonds du secrétariat général du gouvernement, 20000436/1.

[3] Pour reprendre une formule de Bruno Gevenois à propos du contrôle de constitutionnalité des lois (B. Genevois, « L'influence du Conseil

secrétariat général du gouvernement qui, en sa qualité « de légiste et de jurisconsulte[1] », assure ce contrôle de légalité administrative. L'institution est en effet chargée d'identifier les risques contentieux avant transmission aux sections consultatives du Conseil d'État, qui opèrent elles aussi un tel contrôle. Ce faisait, le secrétariat général du gouvernement élabore même une forme de « jurisprudence » non-juridictionnelle[2]. Si ce contrôle n'est en rien propre au grief d'incompétence du gouvernement démissionnaire, le secrétariat général du gouvernement peut établir à cette occasion une « doctrine administrative » des affaires courantes à destination du gouvernement. L'administration gouvernementale sert donc de courroie de transmission à la jurisprudence du Conseil d'État, dont le secrétaire général du gouvernement est traditionnellement issu. C'est par ce biais que la jurisprudence du Conseil d'État infuse effectivement l'activité du gouvernement qui, par l'anticipation du contrôle juridictionnel, s'y soumet en même temps qu'il cherche à en éviter les conséquences les plus préjudiciables à ses intérêts. L'absence d'annulation juridictionnelle depuis 1952 ne doit donc être interprétée comme une preuve de la désuétude du contrôle[3] ou de son

constitutionnel », *Pouvoirs*, n°49, 1989, p. 52).

[1] M. Caron, *L'autonomie organisationnelle du Gouvernement – Recherche sur le droit gouvernemental de la Ve République*, Varenne, 2015, p. 631.

[2] Forme de jurisprudence qu'il est également possible de déceler dans l'activité consultative du Conseil d'État ou dans les précédents parlementaires (J. Jeanneney, « La jurisprudence hors des prétoires, forme institutionnelle de normativité », *in* A. Le Divellec (dir.), *Des institutions et des normes. Une question préalable pour l'analyse juridique*, éd. Panthéon-Assas, 2023, pp. 103-143).

[3] D'autant que la jurisprudence du Conseil d'État a été depuis confirmée à de nombreuses reprises. Voir notamment Conseil d'État, 3/4 SSR, 9 novembre 1959, Vignal, n°43262, *Lebon,* p. 585 ; Conseil d'État, 4/1 SSR, 28 octobre 1983, Salviat, n°35853, *Lebon*, p. 434 ;

insignifiance. Simplement, l'influence du contrôle juridictionnel tient - plus subtilement - à son acceptation puis son intériorisation par le gouvernement.

Conseil d'État, 10/2 SSR, 31 mai 1989, Roujansky, n°35296, *Lebon*, p. 135.

Troisième partie
La défiguration des standards par la technique

Titre 1 – Les standards face à l'intelligence artificielle

Le traitement des standards quantifiables par l'intelligence artificielle

Luis Fernando Lima de Oliveira

Doctorant en droit public

Si, dans un sens ordinaire, le standard présente la notion de « étalon, type, modèle », dans un sens juridique sa compréhension n'est pas complètement conceptualisée[1]. Le standard juridique, également nommé notion-cadre ou concept (juridique) indéterminé[2], peut désigner « une notion à contenu variable utilisée pour désigner un comportement supposé correspondre à ce qui est communément admis par un groupe social à un moment donné »[3].

En dépit d'être issue du vocabulaire juridique anglo-saxon, le standard est, pourtant, présent dès le droit romain, à l'instar de la notion de *bonne foi* dans le *negotiabonaefidei*. Elena Giannozzi[4] défend l'analyse des

---

[1]*Dictionnaire de la culture juridique*, Presses Universitaires de France, 2021, p. 1439.

[2] Bien qu'il soit courant de considérer ces termes comme des synonymes, Alain Papaux propose une définition plus précise de chacun d'entre eux (A. Papaux, « De la notion aux cas...et retour : du principe-cadre au principe-matrice », in *Notions-cadre, concepts indéterminés et standards juridiques en droit interne, international et comparé*, Schulthess Médias Juridiques, 2008, p. 3.). Pour sa part, le terme *concept juridique indéterminé* est le plus courant dans la culture juridique des pays hispanophones, italophones et lusophones. En raison de sa prévalence dans le droit français, nous avons adopté le terme *standard.*

[3]*Lexique des Termes Juridiques 2021-2022*, Dalloz, 2021, p. 1002.

[4] E. Giannozzi, « L'emploi des standards en droit romain », *Fundamina*, 22, 2016.

instituts traditionnels de droit romain sous l'angle de standard. La prévision séculaire ne laisse aucun doute quant à l'application du concept, que ce soit de manière abstraite – catégorie dans laquelle Gianozzi rattache la *fidesbona*, le *bonum et aequum* et les *boni mores*[1]– ou en tant qu'étalon destiné à mesurer des situations idéales et à cadrer des cas concrets, catégorie qu'elle nomme le standard incarné[2]. L'auteur signale enfin que, malgré le niveau d'abstraction du modèle et le risque d'anachronisme de sa formule, la norme atteinte ne reposait pas sur des choix arbitraires, mais sur des références précises, avec la prise en compte des données objectives.

La technique du standard. Dans un ouvrage phare, Stéphane Rials note que « le standard est un type de disposition indéterminé, plutôt utilisé par le juge, dont le caractère normatif est l'objet des contestations et qui met en jeu certaines valeurs fondamentales de normalité, de moralité ou de rationalité »[3]. À cet égard, Rials évoque l'œuvre de Roscoe Pound, juriste américain selon lequel le standard présente trois caractéristiques : d'abord, il entraîne un certain jugement moral de la conduite ; ensuite, il ne s'agit pas de l'application précise d'un dispositif, mais du bon sens et du jugement du juge ; et enfin, il n'envisage pas une formule absolue, mais est adaptable au temps et à l'espace[4].

En effet, l'introduction d'un standard par le législateur, par l'administration ou par la jurisprudence, serait

[1] *Ibid.*, p. 209.
[2] *Ibid.*, p. 218.
[3] S. Rials, *Le juge administratif français et la technique du standard (Essai sur le traitement juridictionnel de l'idée de normalité)*, Librairie générale de droit et de jurisprudence, 1980, p. 3.
[4] R. Pound, *An Introduction to the Philosophy of Law*, Yale University Press, 1982, p. 58.

nécessaire pour donner des contours plus malléables à la règle de droit. Le standard ne se confond pas avec la règle elle-même. Il a une nature et un champ d'action propres, qui garantissent l'évolution du droit. Il ne jouerait donc pas un rôle résiduel. Au contraire, la complexité de la vie contemporaine favorise la profusion des standards et c'est grâce à cette technique que le juge peut améliorer, adapter et innover la règle de droit[1]. Selon Enrico Pattaro, « la prescription d'un standard n'est pas la prescription de quoi faire, mais plutôt la prescription de comment faire »[2].

La notion de standard souligne sa nature de technique privilégiée d'interprétation des règles et non de règle en soi, ou en d'autres termes, de clause métajuridique typiquement ouverte à compléter selon la conscience juridique du juge au cas par cas, en fonction des circonstances de fait. Aux fins de cette étude, le standard juridique désigne ainsi une notion à contenu variable qui permet d'établir un modèle type de comportement adopté et accepté par un groupe selon les circonstances de temps et d'espace. Par ce comportement type ou ce modèle, construit dans l'abstrait, le juge peut comparer la situation du cas concret et décider. Cette définition met en évidence la nature d'un instrument méthodologique d'interprétation juridique.

Les standards quantifiables. Parmi les critères possibles de classification des standards[3], on peut évoquer

---

[1] P. Delebecque, « Les standards dans les droits romano-germaniques », *RRJ*, 4, 1988, p. 874-881.

[2] E. Pattaro, « Les dimensions éthiques de la notion de standard juridique », *RRJ*, 4, 1988, p. 819.

[3] Au-delà de la distinction quantifiables et non quantifiables, Rials, dans l'ouvrage évoqué, mentionne encore les standards dogmatiques et descriptifs, standards de pure administration du droit et standards de fond.

la *quantifiabilité*. En d'autres termes, la possibilité d'exprimer en mesures ou en chiffres les contenus abstraits d'un terme juridique. En effet, il existe des standards qui relèvent de cette typologie. Par exemple, les standards de temps (*délai bref, utile, normal, raisonnable, suffisant, abusif, retard récurrent, abusif, excessif ou anormal, durée courte, normale ou moyenne, laps de temps normal)* ; d'espace ou, plus précisément, d'unité géométrique de longueur (*distance anormale entre domicile et lieu de travail*) ou encore d'unité géométrique de superficie (*locaux insuffisamment occupés, terrain insuffisamment bâtis, espace approprié*) ; d'unité monétaire ou de richesse (*prix normal, tarif abordable, redevances insuffisantes, honoraires et rémunérations exagérées, abusifs, excessifs, anormaux, coût déraisonnable*)[1] ; de température (*temps frais, eau tiède, températures extrêmes, en élévation exagérée*) ; ou d'autres mesures en général (*vitesse excessive, vitesse constante, mouvement cadencé*). La liste n'est pas exhaustive.

À ces standards quantifiables s'oppose la notion de standard *non quantifiable*, qui fait appel plutôt à des caractéristiques d'ordre moral, où l'interprète aurait du mal à traduire en chiffres de nombreuses questions concernant la moralité, la dignité ou l'honneur. Pourtant, même les standards qui ont l'apparence de ne pas être quantifiables, en réalité le sont, au moins partiellement, parce que chaque standard a un noyau dur de certitude. L'apparition de qualificatifs d'unités quantifiables, par opposition à des critères notamment moraux, suggère que

---

[1]Une clause de similitude à peine apparente pour s'écarter de la liste est le terme « tarif standard », qui est utilisé pour désigner un simple tarif, sans services ni options supplémentaires, présent surtout dans les services publics comme les télécommunications ou les services privés réglementés comme les contrats avec les établissements bancaires.

l'interprétation de normes quantifiables peut être déterminée par des équations mathématiques ou des mesures économétriques. Une opération qui, compte tenu du volume de données en jeu, dépasse les capacités humaines.

L'avènement de l'intelligence artificielle. L'utilisation de systèmes d'intelligence artificielle (SIA) pour remplacer la prise de décision humaine provoque souvent des positions extrêmes qui vont de l'enthousiasme vaniteux pour ses super-pouvoirs[1] à une prudence face à des risques presque apocalyptiques[2]. Dans un sens large, Marvin Minsky propose de définir l'intelligence artificielle comme le « domaine de la recherche visant à faire faire à des machines ce qui, d'après les humains, requiert de l'intelligence. Il n'y a pas de frontière nette entre la psychologie et l'intelligence artificielle, car le cerveau est lui-même un type de machine »[3]. À ce sujet, « toutes nos capacités, même les plus étonnantes, peuvent faire l'objet d'études scientifiques et de simulation au moyen d'ordinateurs »[4], y compris l'activité d'interprétation des règles de droit. Dans ce but, l'intelligence artificielle repose sur un trinôme qui inclut des données de volume massif (*Big Data*), d'algorithmes pour traiter ces données et de machines capables de les traiter à grande vitesse.

---

[1] V. K.-F. Lee, *AI Super-Powers*, Houghton Mifflin Harcourt, 2018.

[2] V. C. O'Neil, *Algorithmes : la bombe à retardement*, Les Arènes, 2018. Il est à noter que la traduction française de l'œuvre de Cathy O'Neil, *weapons of math destruction*, littéralement armes potentielles de destruction mathématiques, par bombes à retardement enlève l'ironie présente dans le jeu de mots avec le terme militaire qui signifie armes de destruction massive.

[3] M. Minsky, *La Société de l'esprit*, InterEditions, 1988, p. 633.

[4] J.-G. Ganascia, *Intelligence Artificielle Vers Une Domination Programmée ?*, le Cavalier bleu, 2017, p. 113.

La formalisation et l'automatisation du raisonnement humain sont un thème majeur de l'intelligence artificielle. « En effet, la capacité de raisonner de façon articulée pour résoudre des problèmes, prendre des décisions rationnelles et les expliquer est souvent considérée comme étant le propre de l'esprit humain »[1]. Il existe cependant des situations où l'indication d'une solution optimale implique le traitement de données plus objectives, selon des critères prévus dans sa typification, comme c'est le cas d'un standard quantifiable, dans lequel l'étalon normal peut être déduit des informations disponibles et servir ainsi de base de comparaison pour conclure si une situation est anormale, abusive, excessive ou inférieure.

La question de droit. Le recours à la technique des standards permet de déduire la solution judiciaire par le discours topique et dialectique comme base du raisonnement juridique et moral, comme montre Theodor Viehweg[2]. En disposant de suffisamment de données, un SIA est en mesure de présenter la solution optimale pour le cas concret, en quantifiant précisément le standard quantifiable ? À cet égard, il convient d'analyser si l'introduction de ces systèmes de calcul d'un standard quantifiable constitue une suppression du champ d'interprétation du contrôle du juge permis par l'ordre juridique (I) ou si, au contraire, le juge conserve sa capacité de décision interprétative (II).

---

[1] S. Konieczny, H. Prade et CNRS Groupement de Recherche en Intelligence Artificielle du, *L'intelligence artificielle : de quoi s'agit-il vraiment ?*,Cépaduès-éditions, 2020, p. 16.

[2] V. T. Viehweg, *Tópica e Jurisprudência*, Sergio Antonio Fabris Editor, 2008.

I – Vers la suppression du champ d'interprétation des standards quantifiables ?

Dès lors que nous acceptons que seul un système informatisé soit capable d'attribuer la solution optimale à un standard quantifiable, la procédure juridictionnelle et la nature juridique même de cette conclusion sont remises en cause. Premièrement, il faut analyser comment un tel SIA peut apporter une réponse optimale à cette question juridique (A). Ensuite, quel est le régime juridique de cette solution numérique et comment le droit l'autorise (B).

A – Comment un système d'intelligence artificielle peut indiquer la solution optimale d'un standard quantifiable

L'automatisation des pratiques judiciaires s'inscrit dans un mouvement plus large de numérisation des activités de l'administration, qui constitue « un vecteur privilégié de transformation de l'action publique »[1]. Dans le monde juridique français, cette disruption a été planifiée par le ministère de la Justice qui a édicté le plan de transformation numérique, qui vise à simplifier les processus, en recourant notamment à la dématérialisation des activités[2].

Cependant, l'utilisation intensive des SIA est toujours considérée avec retenue par la communauté du droit. L'une des principales préoccupations concerne les algorithmes prédictifs, notamment dans le domaine de la justice criminelle, et en ce sens, l'introduction des

---

[1] J. Chevallier, « Le renouvellement des institutions administratives », in *La transformation numérique du service public : une nouvelle crise ?*, Mare & Martin, 2021, p. 29.

[2] MINISTÈRE DE LA JUSTICE, J.-F. Beynel et D. Casas, *Transformation Numérique* [en ligne], [s. n.], 2018.

nouvelles technologies a une réceptivité ambiguë de la part de la justice[1]. Cependant, cette préoccupation n'est pas justifiée dans le cas d'introduction d'un système informatisé permettant de calculer le niveau optimal d'un standard quantifiable. En fait, dans ce modèle, la décision fondée sur la solution calculée par le SIA ne relèverait pas de la justice prédictive. L'outil, en réalité, ne simulerait pas la probabilité d'un événement futur, à l'instar de la probabilité de récidive d'un condamné. L'utilisation d'un SIA dans cette hypothèse vise à établir un étalon à partir des données stockées dans des bases de données publiques.

Comme condition préalable, la numérisation complète de toutes les informations sur les services publics, qui

---

[1] Dans le domaine du droit pénal, *ultima ratio*, l'utilisation élargie des nouvelles technologies provoque un malaise chez les juristes européens. En droit nord-américain, cependant, son utilisation est en augmentation. *A fortiori*, pour les questions impliquant d'autres branches, comme le droit administratif, l'adaptation tend à bénéficier d'une réceptivité encore plus large. Selon Enguerrand Marique et Alain Strowel : « Les États-Unis appliquent des tables similaires pour déterminer la durée adéquate de la peine d'emprisonnement. La décision sur la libération conditionnelle d'une personne condamnée au pénal s'appuie également sur un traitement automatisé des circonstances objectives entourant la commission de l'infraction. Dans l'affaire Loomis c/ Wisconsin, un juge, s'appuyant sur un algorithme prédictif (*Correctional Offender Management Profiling for Alternative Sanctions*, ci-après COMPAS), a condamné M. Loomis à une peine de six ans et lui a refusé la possibilité de libération conditionnelle. La Cour suprême des États-Unis a refusé d'entendre cette affaire, acceptant ainsi le principe de l'algorithme individualisant les peines selon les circonstances. COMPAS utilise plusieurs critères afin de calculer le risque de récidive d'une personne inculpée : les autres affaires en cours à son encontre, son casier judiciaire, la stabilité de son logement, la stabilité de son emploi, l'utilisation de drogues et son intégration sociale. » E. Marique et A. Strowel, « Gouverner par la loi ou les algorithmes : de la norme générale de comportement au guidage rapproché des conduites », *Dalloz IP/IT*, 2017.

seront disponibles sur des plateformes, permettra le stockage d'une grande variété de données en gros volumes et en temps réel. À partir de ces Big Data, un algorithme d'intelligence artificielle pourra déterminer une situation type – un *standard* – en fonction des circonstances préétablies de temps et d'espace. À titre d'illustration, pour évaluer un retard dans le service des transports en commun, une SIA peut obtenir toutes les informations concernant les départs et les arrivées dans les gares d'une région donnée, dans une période donnée (1 an, 2 ans, 10 ans). On peut raffiner la recherche en fonction de certains critères : la saison ou la météorologie, par exemple. À partir de ce tableau, on peut établir un modèle de retard afin de comparer et vérifier si le retard était *récurrent, abusif, excessif* ou *anormal*. De même, les honoraires dus à un expert. Sur la base des notes de milliers de travaux d'experts, le temps d'exécution, le nombre de calculs, le volume de documentation, les valeurs en jeu, un tarif moyen peuvent être évalués. Il est ensuite possible de conclure si la rémunération était dans la marge ou si, au contraire, la rémunération est *exagérée, abusive, excessive* ou *anormale*.

B – Le droit permet à un système d'intelligence artificielle d'indiquer la solution à un standard quantifiable ?

En considérant la capacité d'un SIA à déterminer l'état optimal d'un standard, *quid juris* de son régime juridique ? Nous soulignons ici que le champ d'analyse est une décision prise dans le cadre d'une procédure administrative contentieuse. Ainsi, aurait-elle le statut juridique d'une décision juridictionnelle ? En effet, cette décision est un jugement rendu par une juridiction administrative revêtu de l'autorité de chose jugée. Cette décision doit avoir suivi un rite prévu par un texte normatif et présenter une structure en son extériorisation.

Dans ce sens, admettre qu'une décision interprétative d'un standard quantifiable est une décision juridictionnelle, c'est d'abord admettre l'existence d'une décision juridictionnelle algorithmique. En d'autres termes, admettre une décision judiciaire prise exclusivement sur la base d'un traitement algorithmique, sans aucune intervention humaine. Il s'agit en fait d'une contradiction avec la définition d'une décision judiciaire, compte tenu du critère de compétence pour l'émettre, qui se limite à une autorité humaine. De plus, l'interprétation algorithmique n'atteint pas le niveau de l'autorité de la chose jugée. En réalité, la position externalisée par le SIA n'est pas une décision en soi. Il s'agit en fait d'un élément de conviction qui peut appuyer la décision du juge, comme un instrument à son service. En effet, « l'utilisation d'algorithmes d'aide à la décision juridique est admise dès lors que ceux-ci participent du faisceau d'éléments mis à la disposition du juge sans constituer le fondement unique de sa décision »[1]. Un autre aspect à souligner est la participation humaine à l'établissement des critères du calcul algorithmique. Il appartient au juge de déterminer les critères de calcul d'un étalon conformément à un standard quantifiable. À son tour, ces prémices peuvent être soumises à l'examen des parties, lors d'une audience ou au cours d'une procédure contradictoire, comme les questions posées à un expert.

Cette façon d'attribuer algorithmiquement les fondements d'une décision juridictionnelle s'éloigne de la notion de « justice prédictive » et se rapproche de la « justice prévisible ». L'adoption de mécanismes

---

[1] DESMOULIN-CANSELIER S. Desmoulin-Canselier et D. Le Métayer, *Décider avec les algorithmes*, Dalloz, 2021, p. 188.

numériques semble être une réalité incontournable, puisque les systèmes ont une capacité de résolution inatteignable pour un juge humain. En effet, le recours aux outils numériques d'analyse de la jurisprudence a été encouragé, comme c'est le cas du programme DataJust, créé par le décret n° 2020-356, du 27 mars 2020, qui visait à développer un algorithme chargé d'extraire et calculer de manière automatique les données contenues dans les décisions concernant les indemnisations des préjudices corporels. L'objectif serait d'établir un référentiel indicatif de valeurs, afin de mieux subventionner à la fois les demandes des victimes et les jugements des cours. Le Décret – et par conséquent, le SIA – a été validé par le Conseil d'État, qui a estimé que l'algorithme répondait à un besoin d'intérêt public et serait proportionné à l'objectif légitime poursuivi, ce qui justifierait même la collecte et le traitement de données sensibles[1]. Ce précédent établit une tendance des juges administratifs à ne pas faire obstacle à l'utilisation de ces systèmes en tant qu'aide à la décision juridictionnelle, ce qui s'appliquerait au calcul des standards quantifiables.

Sur cette voie évolutive, l'EU AI Act consacre l'utilisation des « systèmes d'IA destinés à être utilisés par une autorité judiciaire ou en son nom pour l'aider à rechercher et à interpréter les faits et le droit et à appliquer le droit à un ensemble concret de faits », mais les considère comme un SIA à haut risque[2], car il peut porter atteinte aux droits fondamentaux et influencer sensiblement le résultat de la prise de décision judiciaire. Tandis que ces systèmes ne sont pas interdits par le

---

[1] CE, n° 440376, 30 décembre 2021.

[2] Règlement (UE) 2024/1689 du Parlement européen et du Conseil du 13 juin 2024 (EU AI Act), article 6, paragraphe 2 et Annexe III, paragraphe 8.

règlement, leur utilisation doit respecter une série de conditions afin de garantir sa fiabilité.

En effet, la typologie des standards quantifiables remet en cause la vision classique des standards, telle qu'envisagée par Roscoe Pound, parce qu'elle n'entraîne pas un jugement moral de la conduite, mais est fondée sur des critères objectifs à partir des faits. Par conséquent, l'étalon peut être déchiffré par des calculs mathématiques avec un degré optimal de certitude, selon les SIA. Un tel degré de précision, basé sur une quantité de données dépassant les capacités humaines, est inévitablement source d'embarras pour l'interprète. En effet, si le jugement n'adopte pas le paramètre défini par le SIA, il doit clairement justifier son choix lorsqu'il motive sa décision. Pourtant, la restriction du pouvoir d'interprétation du juge n'est qu'apparente.

II – La conservation de la liberté d'appréciation et d'interprétation du juge

La technologie peut mesurer avec précision un volume de données qui échappe à l'appréciation humaine. Toutefois, ce calcul peut ne pas être absolu, faute des prémisses nécessaires au regard des qualifications prévues par les règles de droit (A). Même si cela était possible ou réalisable, la libre appréciation des preuves et le travail d'interprétation du juge restent intacts (B).

A – L'impossible quantifiabilité absolue des données

Atteindre un degré absolu de certitude sur l'étalon d'un standard quantifiable ne serait possible que compte tenu de la présence dans les calculs de l'algorithme de la totalité des données la concernant. Cependant, cette situation est irréalisable. D'une part, il y a des limitations légales. Toutes les données ne sont pas exposées au traitement, car il s'agit parfois d'une information exposée au secret bancaire, fiscal, judiciaire ou des affaires, ou encore concernent les données personnelles dont la protection est garantie par le RGPD, telles que des données sensibles[1]. Encore dans cette optique, certaines informations peuvent être effacées ou déréférencées des moteurs de recherche en raison du droit à l'oubli[2]. Un dernier obstacle juridique concerne les règles de transparence à l'usage d'algorithmes. Une décision ne peut être légitime que si le déroulement du traitement des données jusqu'à sa conclusion peut être démontré et expliqué. Il s'agit d'ailleurs d'une condition pour permettre des contestations[3]. D'autre part, il existe une limitation concrète. Il n'est pas possible de s'assurer de l'exhaustivité des informations concernant un fait social donné. Dans cette hypothèse, il faut choisir les données à

---

[1] Dans l'arrêt DataJust précité, le Conseil d'État, mettant en balance l'intérêt public du traitement, a estimé que l'utilisation des données personnelles, même sensibles, était proportionnée et que la confidentialité des données serait garantie du fait de leur anonymisation. À son tour, cette décision peut indiquer une tendance de la jurisprudence à admettre la levée du voile du secret pour le traitement juridictionnel algorithmique.

[2] V. art. 17, RGPD et décision Cour de justice de l'Union européenne, Affaire C-131/12, 13 mai 2014, *Google Spain v. Agence espagnole de protection des données et Mario Costeja González*.

[3] L'explicabilité, condition de la transparence et de la loyauté algorithmique, empêche l'application d'algorithmes de *deep learning*, qui dépendent de l'interaction avec les agents pour aboutir à un résultat qui ne peut être prédit ou expliqué à l'avance et, ainsi, limite l'application des SIA qui utilisent ce mécanisme. À ce sujet, v. Conseil constitutionnel, 12 juin 2018, *Loi relative à la protection des données personnelles*, n° 2018-765 DC, point 71.

traiter, selon des critères préétablis, et cette élection empêche la pleine perception du fait[1].

De plus, les standards, même quantifiables, supposent un qualificatif – et les qualificatifs dénotent toujours une activité d'interprétation. Certes, parfois l'interprète tombe sur de faux qualificatifs. C'est le cas de l'expression *stationnement abusif*, présent dans l'article R417-12 du Code de la route. Le texte de loi lui-même définit « (…) comme abusif le stationnement ininterrompu d'un véhicule en un même point de la voie publique ou de ses dépendances, pendant une durée excédant sept jours ou pendant une durée inférieure, mais excédant celle qui est fixée par arrêté de l'autorité investie du pouvoir de police. » C'est-à-dire que les critères sont clairs et qu'il n'y a pas d'étalon à construire pour servir de comparaison, ce qui exclut de l'encadrer comme un standard. Cependant, dans le cas de standards authentiques, le standard quantifiable dépend souvent d'une combinaison d'autres indices pour être interprétée, parmi lesquels figurent d'autres standards non quantifiables. Le terme *abusif*, pour s'en tenir à cet exemple, impliquant l'abus d'une situation juridique normalement légitime, tel que l'abus d'autorité, abus de biens sociaux, abus de confiance, abus de faiblesse ou abus de position dominante, peut avoir des aspects qui demandent des considérations juridiques et, ainsi, dépassent le simple calcul algorithmique.

Il y a aussi des règles qui ne doivent avoir aucune indication d'ordre moral ou qui dépendent du bon sens du juge, mais qui reçoivent des qualificatifs qui imposent une

---

[1] En guise d'illustration, malgré la validation du Conseil d'État, le ministère de la Justice a mis un terme à l'expérimentation du projet DataJust, motivé par la complexité du traitement algorithmique, en considérant la quantité massive de données même pour les systèmes d'intelligence artificielle.

interprétation comme telle. C'est le cas des limitations de vitesse prévues dans les codes de certains États fédérés américains. En général, les limites sont exposées de manière claire et précise, ce qui permet même aux équipements exposés sur les autoroutes de détecter les transgressions. Cependant, certains États fédérés, comme la Californie, prévoient que la limite de vitesse dépend du raisonnable et peut être inférieure à la limite de vitesse affichée[1]. La *vitesse raisonnable* est la vitesse à laquelle il est prudent de conduire une voiture en considérant les conditions routières et d'autres circonstances, comme la pluie, le verglas, la circulation, l'état du véhicule ou la visibilité. Les conducteurs qui dépassent la vitesse raisonnable peuvent être punis pour excès de vitesse ou peuvent être jugés négligents même s'ils roulaient dans la limite de vitesse affichée. Un arrêt de la Cour suprême de l'État du Maine, *Blackman c/ Jackson*, 1983, a affirmé que « (…) toute personne conduisant un véhicule sur un chemin ou dans un lieu doit conduire à une vitesse prudente et qui ne dépassant pas ce qui est raisonnable et approprié, compte tenu de la circulation, de la surface et de la largeur du chemin ou du lieu, et de toute autre condition alors existant »[2]. L'observation de nombreux

---

[1] Le Code californien de la route § 22350 stipule que « *No person shall drive a vehicle upon a highway at a speed greater than is reasonable or prudent having due regard for weather, visibility, the traffic on, and the surface and width of, the highway, and in no event at a speed which endangers the safety of persons or property. (Amended by Stats. 1963, Ch. 252.)* », qui signifie « Nul ne doit conduire un véhicule sur une route à une vitesse supérieure à ce qui est raisonnable ou prudent compte tenu des conditions météorologiques, de la visibilité, de la circulation sur la route, de la surface et de la largeur de celle-ci, et en aucun cas à une vitesse qui met en danger la sécurité des personnes ou des biens »

[2] Supreme Judicial Court of Maine, n° 458 A.2d 755, 26 Avril 1983, *Blackman v. Jackson.*

aspects démontre que même des standards typiquement quantifiables, capables d'être soumis à l'examen par un SIA, peuvent exiger un travail d'interprétation de la part du juge.

B – La nécessité de critères établis par le juge pour la solution algorithmique

L'utilisation de systèmes d'intelligence artificielle pour appuyer les décisions judiciaires vise, dans le cas de standards quantifiables, à établir un degré optimal de certitude. Cependant, les SIA n'affectent pas la souveraineté du juge en tant qu'interprète. Même les normes quantifiables exigent un qualificatif. Dans son effort d'interprétation, le magistrat peut même écarter ce qualificatif. Dans l'arrêt du Conseil d'État, 18 décembre 2017, *ASPAS et autres*, concernant une disposition de l'arrêté du 30 juin 2015 fixant les conditions et les limites dans lesquelles des dérogations aux interdictions de destruction peuvent être accordées par les préfets concernant le loup, les mots « ou récurrents » sont annulés. Selon le Conseil d'État :

« (...) des dérogations à l'interdiction de destruction des espèces protégées ne peuvent être accordées qu'en cas de dommages importants à l'élevage ; que si la récurrence de certains dommages peut conduire à les qualifier d'importants, la seule circonstance que des dommages se soit répétés ne peut à elle seule suffire à les regarder comme importants ; que, par suite, en permettant de prendre en compte également des dommages récurrents, quelle que soit leur importance, l'arrêté attaqué a illégalement élargi les possibilités de dérogation prévues par le législateur ».

En espèce, l'expression prédite (*dommages récurrents*) est parfaitement quantifiable, car les cas de récurrence peuvent être calculés, en considérant les occurrences dans certains intervalles de temps, contrairement à l'expression *dommages importants*, qui demandent d'autres éléments d'appréciation. Cependant, le juge a exercé sa compétence d'appréciation du droit avant la norme elle-même, finalement retirée du texte de l'acte administratif.

Malgré un certain consensus selon lequel l'examen des standards ne se confond pas avec un pouvoir discrétionnaire du juge[1], il est certain que dans les deux cas, on recherche une solution théoriquement possible qui ne présente aucun vice et, au vu de cela, l'administration ou le juge administratif est contraint de l'adopter. Dans le cas du pouvoir discrétionnaire, ce serait ce qui Hartmut Maurer et Christian Waldhoff appellent la « réduction du pouvoir discrétionnaire à zéro » (*ErmessensreduzierungaufNull*)[2]. Pour le standard quantifiable déterminé par le SIA, ce serait le degré optimal de certitude. La solution juridique pour arriver à un point optimal est d'attribuer un système de pondération à chaque élément à évaluer[3].

La programmation d'un algorithme se compose de différents éléments disposés selon une structure prédéfinie. Les données d'entrée (*input*) sont traitées en lisant des variables tout au long du code et chaque variable représente une valeur. En fonction de la valeur attribuée,

---

[1] S. Rials (*op. cit.*, p. 29) conteste cette hypothèse de standard en tant que pouvoir discrétionnaire du juge, « qui plus est en contradiction avec les prémices du raisonnement du mouvement du standard qui, bien loin d'impliquer une liberté quelconque d'appréciation pour le juge, lui imposaient, jurisprudence sociologique oblige, l'esclavage des faits ».

[2] H. Maurer et C. Waldhoff, *Allgemeines Verwaltungsrecht*, C H Beck, 2020, p. 150.

[3] Une solution similaire à celle proposée par Robert Alexy lors d'une collision de principes. V. R. Alexy, *Theorie der Grundrechte*, Suhrkamp, 1986, p. 78-79.

les formules de calcul et de comparaison varient également, ce qui donne une réponse de sortie (*output*) différente. Conformément à l'exemple de la première partie, lorsque le SIA analyse si un retard dans le service de transport public était *récurrent, abusif, excessif* ou *anormal*, la programmation peut attribuer un poids plus important en fonction de l'heure de la journée, de la période de l'année, de la météorologie, des circonstances sociales, entre autres points. Même si ces poids sont ensuite calculés dans une équation mathématique pour arriver à une solution, c'est le juge humain et non le système d'intelligence artificielle qui choisira chaque élément particulier et leur attribuera un poids, ce qui varie selon le cas concret.

L'introduction d'outils d'intelligence artificielle en tant que mécanismes d'aide à une décision judiciaire est une réalité qui nécessitera une réflexion juridique approfondie. Quoi qu'il en soit, certaines conclusions semblent se consolider. Lorsqu'il a examiné la possibilité d'attribuer à ces dispositifs une personnalité juridique propre, le Conseil d'État a précisé que « l'autonomie des systèmes d'apprentissage automatique est toujours relative, dans la mesure où son action ne résulte d'aucune intentionnalité et où son fonctionnement dépend de paramétrages effectués à l'origine par des êtres humains ».[1] En effet, le recours aux SIA ne convertit pas la réponse fournie en décision judiciaire. En revanche, leur présence ne doit pas passer inaperçue et il appartient au juge de motiver sa décision en démontrant les raisons qui l'ont conduit à ne pas retenir la solution proposée par le SIA, si tel est le cas.

D'un point de vue de la théorie juridique, l'adoption de mécanismes de calcul par des SIA, avec ses contraintes de

---

[1] CONSEIL D'ETAT, « Révision de la loi de bioéthique : quelles options pour demain ? », 2018, p. 208.

droit et de fait, même s'il s'agit d'une aide précieuse pour élever le niveau de précision, ne convertit pas un standard quantifiable en règle générale exacte. La recherche d'une réponse aux contours plus précis est une option légitime qui n'invalide pas le standard en tant que technique d'interprétation. Au contraire, les limites de son exactitude sont précisément son point fort, car la fonction même des standards – y compris les quantifiables – est d'offrir souplesse et malléabilité à une règle de droit.

Finalement, tandis que la technologie ne calculera un résultat qu'à partir d'éléments précédents, en comparant des faits et des décisions judiciaires du passé, l'adoption sans discernement et automatisée des résultats prédits par les SIA risque par conséquent de figer la jurisprudence. Le magistrat humain reste dans son rôle décisif de faire avancer le droit. Comme l'indique le considérant 61 de l'EU AI Act « l'utilisation d'outils d'IA peut soutenir le pouvoir de décision des juges ou l'indépendance judiciaire, mais ne devrait pas les remplacer, car la décision finale doit rester une activité humaine ».

Titre 2 – Les standards textuels supplantés par les standards techniques

Procuste ou Thémis ? La technique du standard comme moyen légistique d'épanouissement des standards « techniques » en matière de compliance

Yanisse Benrahou

Doctorant en droit public

Au menu cuisiné par la doctrine juridique relative à la *compliance*[1], le terme « standard » abonde[2]. En effet, les instruments de la compliance tels que les ISO[3], *guidelines*[4], recommandations[5] et autres normes dites

---

[1] La *compliance* peut notamment être définie comme « l'ensemble des processus permettant d'assurer la conformité des comportements de l'entreprise, de ses dirigeants et de ses salariés, aux normes juridiques et éthiques qui leur sont applicables » (A. Gaudement, « Qu'est-ce que la compliance ? », *Commentaire 2019*/1). De ce point de vue, la compliance est assimilable à une méthode de respect des règles. L'objectif étant d'assurer le respect d'une règle substantielle, souvent attachée à un objectif de politique publique en lui associant un droit accessoire consistant en des outils de gestion des risques.

[2] N. Monnerie, *La compliance. De son apparition américaine à son appréhension européenne,* Dalloz, 2024 ; L. Pailler, « Les outils technologiques, la compliance by design et le RGPD : la protection dès la conception, in M.-A. Frison-Roche (dir), *Les outils de la compliance,* Dalloz, 2021, p. 286 ; C. Lapp, « La compliance dans l'entreprise : les statuts du process, in M.-A. Frison-Roche, *La juridictionnalisation de la compliance,* Dalloz, 2023, p. 147 ; OLAB, *La lutte contre le blanchiment de capitaux contre le financement du terrorisme*, Dalloz, 2021, p. 103.

[3] ISO, *Systèmes de management de la conformité – Exigences et recommandations pour la mise en œuvre, n°ISO 373012021(E),* 2021.

[4]OCDE, *Guidelines on Anti-Corruption and Integrity in State-Owned Enterprises*, 2019.

« techniques », sont souvent qualifiés de « standards ». Pourtant, lorsqu'il a fallu, à l'occasion de cette journée d'étude, nous mettre à table, il est apparu difficile de retrouver les mêmes ingrédients et de réagir utilement à certaines des saveurs appréciées par les contributeurs et contributrices du présent ouvrage. Il semblerait effectivement que le terme puisse, pour un administrativiste, d'abord renvoyer à l'approche décrite au sein de la thèse de Stéphane Rials et désigner notamment une « technique de formulation du droit qui a pour effet une certaine indétermination a priori de celle-ci [...] visant à permettre la mesure de comportements et de situations en termes de normalité »[1]. De ce point de vue, il apparaît que certaines utilisations de la notion de standard, dans le champ de la *compliance*, sont apparemment moins suggestives et recherchées que ce qui a été étudié par la doctrine héritée, notamment, du Professeur Stéphane Rials. En effet, plutôt que de discuter des contenus précis de standards de régulation, ces derniers proposent, dans une approche fonctionnelle, d'envisager les standards en tant que contenants préalables et imprécis[2]. Autrement dit, pendant que les uns évoquent des normes dont la précision et l'éminence permettraient de retenir leur caractère « technique », les autres envisagent plutôt le standard

---

[5] AFA, *Recommandations destinées à aider les personnes morales de droit public et de droit privé à prévenir et à détecter les faits de corruption, de trafic d'influence, de concussion, de prise illégale d'intérêts, de détournement de fonds publics et de favoritisme,* 2021.

[1] S. Rials, *La juge administratif français et la technique du standard (essai sur le traitement juridictionnel de l'idée de normalité)*, préf. P. Weil, LGDJ 1980 n° 93, p. 120.

[2] G. Loiseau, « La notion de standard en droit privé », in J.-M. Bruguière, *Les standards de la propriété intellectuelle*, Dalloz, coll. Thème et commentaires, 2018, p. 6.

comme une technique ou un élément de méthode[1], d'élaboration de la norme permettant de réserver son interprétation[2]. Dans l'optique d'articuler ces langages doctrinaux, il semble pertinent de mettre en dialogue la technique du standard, évoquée notamment par Stéphane Rials, avec les standards dits « techniques » employés notamment par les « experts » de la *compliance*[3].

La *compliance* serait une « phase avancée de la régulation »[4] qui se matérialise par la mise en place d'outils[5], notamment de management des risques[6], visant à assurer l'internalisation, par les régulés, de la poursuite d'objectifs de politiques publiques. Il convient dès lors de préciser que le terme régulé désigne ici une réalité ambivalente, voire paradoxale. En effet, les personnes visées par les normes de *compliance* sont supposées être à la fois les sujettes de la régulation et ses agents chargés d'en élaborer le contenu. Il est alors possible d'évoquer une alliance normative[7] ou encore une « normativité

---

[1] M. Lanord-Farinelli, « La norme technique : une source du droit légitime ? », *RFDA 2005*, p. 738.
[2] S. Rials, *La juge administratif français et la technique du standard (essai sur le traitement juridictionnel de l'idée de normalité)*, préf. P. Weil, LGDJ 1980 n° 93, p. 120.
[3] Nous emploierons donc les termes « standard technique » pour désigner les normes, davantage précises, élaborées notamment dans le cadre des régulations en matière de compliance. « Technique du standard » visera l'approche, notamment définie par Stéphane Rials, désignant un contenant ayant vocation à faire l'objet d'interprétations.
[4] M.-A. Frison-Roche, « Du droit de la régulation au droit de la compliance », in M.A. Frison-Roche (dir.), *Régulation Supervision Compliance,* Dalloz, 2017, pp. 1-15.
[5] M.-A. Frison-Roche, *Les outils de la compliance,* Dalloz, 2021.
[6] J.-N. Chauvey, G. Naro, « Contrôle interne et management des risques : de la compliance à la stratégie », *Comptabilité Contrôle Audit,* 2023/3, pp. 85-129.
[7] B. Du Marais, *Droit public de la régulation économique*, Dalloz, 2024, p. 501.

dialoguée »[1] correspondant à de la corégulation voire à une autorégulation réglementée[2]. Pour comprendre ce phénomène, il est pertinent de décrire la *compliance* au travers du processus d'« endogénéisation »[3] du droit dont le point de départ résiderait dans des textes juridiques laissant aux régulés une marge de manœuvre interprétative suffisamment importante, pour que les praticiens élaborent une interprétation du texte. L'interprétation s'appuierait sur un processus complémentaire de managérialisation du droit pouvant consister à traduire la norme dans une langue « alignée avec les représentations gestionnaires et les intérêts économiques des entreprises »[4].

En matière de *compliance*, cette interprétation se formalise au sein de corpus, souvent qualifiés de standards, combinant des outils de la *compliance* visant un objectif commun et leurs contenus. Le terme standard désigne, cette fois-ci, un contenu n'ayant pas vocation à être interprété. Il est le produit d'un processus de standardisation[5] permettant d'en faire à la fois un modèle et un étalon dans l'optique d'une mise en conformité. Ces

---

[1] G. Timsit, « Normativité et régulation », *Cahiers du Conseil constitutionnel n° 21*, 2007.

[2] B. Fasterling, « Criminal compliance – Les risques d'un droit pénal du risque », *Revue internationale de droit économique,* 2016/2, pp. 217-237.

[3] L. B. Edelman, « Legal Ambiguity and Symbolic Structures: Organizational Mediation of Civil Rights Law », *American Journal of Sociology*, 97 (6), 1992, p. 1531-1576.

[4] P. Barraud de Lagerie, E. Béthoux, A. Mia, E. Pnalva-Icher, « La mise en œuvre du devoir de vigilance : une managérialisation de la loi ? », *Droit et Société,* 106/2020, p. 701.

[5] « De façon très rudimentaire, il est possible d'indiquer que la standardisation est le processus ou l'activité qui vise à la production de standards » (R. Bismuth, *R. Bismuth,* « Une cartographie de la standardisation internationale privée : Tentative d'identification de l'objet et de ses enjeux », *in R. Bismuth, La standardisation internationale privée – Aspects juridiques,* Larcier, p. 14).

standards se voient, eux-mêmes, affublés de l'adjectif « technique », car ils sont composés de normes dites « techniques » venant préciser les attendus comportementaux des personnes morales et de leurs agents pour ensuite permettre d'évaluer la conformité des régulés à la norme de référence[1]. Cette faculté à constituer à la fois une norme de référence et un étalon de mesure découle de la prétention, associée à la norme dite « technique », à pouvoir tracer le « trait d'union »[2] entre l'être et le devoir être du fait d'une apparence scientifique. La norme « technique » serait ainsi fondée « sur les résultats conjugués de la science, de la technologie et de l'expérience, visant à l'avantage optimal de la communauté dans son ensemble et approuvé par un organisme qualifié sur le plan national, régional ou international »[3].

La standardisation n'arrête pourtant pas une interprétation définitive de la *compliance*. En effet, le processus de managérialisation, notamment traduit par le mécanisme de *comply or explain*, mobilisé en *compliance*, consistant à se conformer à une interprétation donnée ou à justifier de sa propre solution de mise en conformité au titre de son modèle économique ou de son « profil de

---

[1] Il convient de préciser que cette acception du « standard technique »se trouve également employée par la doctrine qui s'intéresse plus largement au droit international, à l'hypothèse d'un droit global ou à la standardisation internationale. Voir. L. Boisson de Chazournes, « Standards et normes techniques dans l'ordre juridique contemporain », *in* L. Boisson de Chazournes et M. G. Kohen (dir.), *International Law and the Quest for itsImplementation* – Le droit international et la quête de sa mise en œuvre – *Liber Amicorum Vera Gowlland-Debbas*, 2010.

[2] P. Amselek, Norme et loi, *APD tome 25*, 1980, p. 100.

[3] Définition donnée par l'Organisation internationale de normalisation (ISO), http://www.iso.org.

risque »[1], permet de préserver l'idée d'appropriation de la norme par le régulé.

Le dialogue entre la technique du standard et les standards dits techniques était, nous l'espérons, jusqu'ici et du fait de divergences disciplinaires de définition, source de confusions[2]. En plus de permettre de distinguer les deux notions, leurs analyses semblent induire une complémentarité fonctionnelle. En effet, ce dont un standard dit « technique » se fait l'interprète, peut être décrit en usant de la technique du standard. Autrement dit, la marge de manœuvre interprétative accordée aux entreprises dans le cadre du processus d'« endogénéisation »[3] du droit fait écho à la technique de formulation imprécise de la règle de droit, permettant de réserver son interprétation, évoquée par Stéphane Rials. Le standard technique viendrait combler les lacunes laissées par les « imprécisions » de la technique du standard.

Cette idée de complémentarité se retrouve dans les récits, accompagnant les deux notions, qui semblent pouvoir se nourrir l'un de l'autre. En effet, la réserve volontaire d'interprétation de la technique du standard retrouve, dans le registre de justification de la norme dite technique, sa raison d'être. Si, en matière de *compliance*, le standard n'est pas « plutôt utilisé par le juge »[4] qui

---

[1] C. Jacomin, « Compliance intragroupe : PPE, registre des bénéficiaires effectifs (BE) et apporteur d'affaires », *Revue internationale du patrimoine,* 2019/1, pp. 23-30.

[2] La confusion est d'autant plus importante que la technique du standard, homonyme du standard « technique » semble, dans le même temps, pouvoir constituer sa métonymie. Cet article vise à les envisager séparément, mais il serait sans doute plus simple de considérer que le standard désigne à la fois le contenant et le contenu.

[3] L. B. Edelman, *ibid.*

[4] S.Rials, *op. cit.*, p. 3.

applique traditionnellement le droit, l'idée d'une réserve d'interprétation peut encore être justifiée du fait de « *la position et la puissance* » [1]des entreprises. L'évaluation en termes de normalité, justifiant l'emploi de la technique du standard, se réalise ensuite par l'élaboration d'une interprétation commune et unificatrice qui serait optimale et légitime puisque « technique », tout en trouvant les moyens de sa construction dynamique et de sa flexibilité apparente dans la logique managériale du « *comply or explain* ».

En se souvenant que la technique du standard et les standards techniques désigneraient un contenant et des contenus[2], le caractère complémentaire des deux objets apparaît évident. Pourtant, il serait erroné d'y voir, notamment en l'espèce, une présentation parfaite du réel et d'en déduire simplement que les énoncés contenus au sein des standards « techniques » viendraient se mouler au sein des lacunes laissées par des formulations « imprécises », élaborées dans le cadre de la technique du standard, en épousant des formes qui la précèdent. Une telle simplification est fausse et il convient d'opérer quelques précisions quant au cadre de notre analyse.

D'abord, en parallèle des limites conceptuelles associées à la technique du standard, il est aussi possible de concevoir le standard « technique » en tant que discours politique assumée visant à accorder aux entreprises, chargées d'appliquer la norme, un rôle dans son élaboration et donc à légitimer ce rôle. En effet, il semble très discutable de considérer qu'un énoncé puisse tirer sa particularité de son indétermination dans la mesure où il

---

[1] M.-A. Frison-Roche, « Du droit de la régulation au droit de la compliance », in M.A. Frison-Roche (dir.), *Régulation Supervision Compliance,* Dalloz, 2017, pp. 1-15.

[2] G. Loiseau, *Op. cit.,* p. 6.

est difficile de distinguer objectivement des règles claires et d'autres qui seraient indéterminées[1]. La technique du standard relève donc, au moins autant, d'un récit permettant de justifier le pouvoir d'un interprète, que d'une technique déductible des choix de formulations initialement retenues. Ensuite, la distinction entre des régulés, chargés d'appliquer la norme et des régulateurs censés l'élaborer et la contrôler, présente également un caractère contestable. Aussi, la particularité de l'idée de corégulation, qui sert de justification aux normes « techniques » en matière de *compliance*, apparaît donc également discutable. Ce sont finalement, au moins, des récits, plutôt que des faits, qui se complètent.

Par ailleurs, il convient de préciser que notre propos retient une approche dynamique de la formation de la norme qui ne saurait distinguer strictement le moment de sa création de celui de son application[2]. Cette approche dynamique apparaît particulièrement éclairante dans le cadre de la formation des normes de *compliance* dont l'élaboration est en partie confiée aux entreprises qui se livrent à une concurrence aux « bonnes pratiques », permise par l'utilisation de benchmarks et adossée à l'idée d'un « progrès continu »[3]. Le standard technique et la technique du standard semblent ainsi participer de la même chaine normative en permettant de décrire, au moins partiellement, plusieurs de ses maillons.

---

[1] M. Troper, « Une théorie réaliste de l'interprétation », *Revistaopiniaojurdicica n°8 – 2006.2.*

[2] Y. Radi, P.-M. Dupuy, *La Standardisation et le Droit international : Contours, d'une théorie dialectique de la formation du Droit,* Bruylant, 2013, p. 30.

[3] B. Fasterling, « Criminal compliance – Les risques d'un droit pénal du risque », *Revue internationale de droit économique,* 2016/2, pp. 217-237.

La présente tentative de démonstration n'entend pas s'inscrire dans un cadre stato-centré[1]. Les différents acteurs de la formation des normes de *compliance* exercent leurs activités dans un cadre international. À titre d'exemple, les différentes instances, telles que les organisations internationales, organisations non gouvernementales et organismes de normalisation qui y participent, fournissent des plateformes de formation de la norme, dont la raison d'être réside dans une convergence normative à l'échelle globale[2]. Les standards « techniques » en matière de *compliance,* après avoir été standardisés à l'échelle internationale, peuvent être juridicisés et former un droit de la *compliance.* De ce point de vue, la technique du standard semble pouvoir fournir un moyen légistique d'épanouissement de ces standards « techniques ».

Une première conséquence de ce décentrement consista à questionner l'existence, dans le droit de la *compliance* français (et plus particulièrement dans la loi Sapin 2), de formulations « imprécises » permettant de provoquer l'interprétation des régulateurs et des régulés ou du moins de réduire les contraintes associées à ces interprétations. Plus précisément, il est apparu pertinent de rechercher d'éventuels « standards textuels »[3], définis comme techniques assumées de réserve du pouvoir normatif permettant la formation d'un droit de la *compliance*. Cela implique de reconnaître un recul du législateur pouvant être, au moins partiellement, décrit en s'appuyant sur les descriptions doctrinales relatives à la technique du standard. Au titre de l'analyse de ces usages de la

---

[1] M. Xifaras, « Après les Théories Générales de l'État : le Droit Global ?,*Jus Politicum : Revue de droit politique,* 2012.

[2] M. Lanord-Farinelli, « La norme technique : une source du droit légitime ? », *RFDA 2005.*

[3] S. Rials, *op. cit.,* p. 109.

technique du standard en matière de *compliance*, il semble davantage pertinent de retenir, en tant que critère distinctif de la réserve d'interprétation, l'intention du législateur[1] et l'existence d'une norme dont le résultat est volontairement indéterminé[2] que la simple « imprécision » de l'énoncé initial.

Le détour par les travaux de Stéphane Rials confronte à d'autres interrogations généalogiques. En effet, les éventuelles craintes de fragmentation de la norme provoquées par la multiplication des autorités interprétatives en matière de *compliance* semblent pouvoir être écartées par l'importante homogénéité des standards « techniques » de *compliance*. Il convient de se demander si le processus de juridicisation des normes de *compliance* s'appuie sur des normes dites « techniques » faisant l'objet d'une standardisation internationale.

Dès lors, ce schéma questionne également la chronologie de la complémentarité entre les deux récits proposés par la technique du standard et les standards dits techniques en matière de *compliance*. En effet, il semblerait qu'en droit français de la *compliance*, plutôt qu'un emploi de la technique du standard permettant à d'autres entités publiques et d'autres professionnels du droit d'élaborer la norme, certaines hypothèses correspondent davantage à un recul du législateur dans l'optique d'opérer la greffe juridique de normes dites « techniques » déjà formées. Il serait alors plus précis de considérer que la technique du standard corresponde à un

---

[1] E. Bernard, La spécificité du standard juridique en droit communautaire, Bruylant, 2010, pp. 59-60.

[2] J. Combacau, Obligations de résultat et obligations de comportement – Quelques questions et pas de réponse », in *Mélanges offerts à Paul Reuter – Le droit international : unité et diversité* , A. Pedone, 1981, p. 193.

outil de juridicisation de la norme qu'à un moyen de sa formation.

Enfin, ces différentes considérations nous amènent à prendre en compte « le serpent de mer »[1] de la standardisation, ou autrement dit à tenter de lever le voile sur les insoupçonnés du processus de formation des standards « techniques » en matière de *compliance*. En effet, nous venons de rappeler que la standardisation des normes techniques en matière de *compliance* est, en partie, la chose des entreprises et des « experts » de la *compliance*, qui sont des interprètes légitimés de la norme et peuvent, par un processus de managérialisation, aligner l'interprétation du droit avec les représentations gestionnaires et leurs intérêts économiques. Ces mécanismes impliquant une réduction des contraintes interprétatives sont combinés à un récit relatif au caractère objectif et donc apolitique de la norme. Or, il convient de se souvenir que les normes et plus particulièrement les normes « techniques » sont aussi nécessaires à l'existence d'un marché[2]. En maîtriser la définition, notamment du fait de sa « position et de sa puissance »[3], confère et renforce le pouvoir de l'acteur-interprète sur ce marché. Aussi, plutôt que de permettre la constitution d'un capitalisme responsable ou capitalisme des parties prenantes[4], ces standards « techniques » en matière de compliance pourraient ne correspondre qu'à une

---

[1] R. Bismuth, « Une cartographie de la standardisation internationale privée : Tentative d'identification de l'objet et de ses enjeux », *in R. Bismuth, La standardisation internationale privée – Aspects juridiques,* Larcier.

[2] A. Mionne, *op. cit. p. 123.*

[3] M. A. Frison-Roche, « Du droit de la régulation au droit de la compliance », *op. cit.*

[4] A. Anquetil, *Qu'est ce que l'éthique des affaire*, Vrin, 2008.

manifestation de son « nouvel esprit »[1] présentant le risque d'un simple réenchantement. Cela implique finalement de se demander, si la juridicisation des standards « techniques » usant de la technique du standard, ne participe pas à travestir Procuste[2] en Thémis.

La recherche d'une complémentarité entre le standard technique et la technique du standard constituera donc le fil conducteur de cette étude. Il conviendra d'abord de démontrer que la mise en place d'une régulation par la *compliance* peut trouver dans un standard textuel le moyen de sa juridicisation (I). Il apparaîtra ensuite pertinent d'analyser les processus de standardisation internationale et d'intégration interne de la *compliance* s'appuyant sur des normes « techniques » (II). Pour chacun de ces axes, le plan de prévention de la corruption énoncé par la loi sapin 2[3] et contrôlé par l'Agence française anticorruption (AFA) permettra d'illustrer le propos.

---

[1] L. Boltanski, E. Chiapello, *Le nouvel esprit du capitalisme,* Gallimard, 2011.

[2] Dans la mythologie grecque Procuste est connu pour ne vouloir héberger chez lui que des personnes d'une taille donnée allant jusqu'à leur sectionner ou étirer les membres pour les faire correspondre avec la taille de son lit. Pour une explication de la référence à Procuste en matière de standardisation, voir : D. Bessire, « Normes comptables, normes prudentielles et normes de gouvernance : « la colonisation du monde vécu par les systèmes techniques », *La place de la dimension européenne dans la Comptabilité Contrôle Audit*, 2009.

[3] Loi n° 2016-1691 du 9 décembre 2016 relative à la transparence, à la lutte contre la corruption et à la modernisation de la vie économique.

I – La technique du standard comme moyen de la *compliance* : la co-interprétation des standards par l'autorité de régulation et les acteurs régulés

Après avoir démontré que la technique du standard, en tant que méthode de réserve de l'interprétation, est propice à la régulation et à la compliance (A), il conviendra d'illustrer le propos à partir de l'exemple du plan de prévention de la corruption défini à l'article 17 de la loi n° 2016-1691 du 9 décembre 2016 relative à la transparence, à la lutte contre la corruption et à la modernisation de la vie économique (B).

A – La technique du standard comme moyen de la *compliance*

La technique du standard permettrait de réserver l'interprétation d'une norme en se matérialisant notamment par un recul du législateur (1). Cela peut servir d'instrument légistique à la mise en place d'une régulation par la *compliance* (2).

1 – Une technique de recul du législateur

Le standard, lorsqu'il est indéterminé, relèverait d'une forme d'« impressionnisme juridique »[1] qui peut reposer sur du droit flou[2] visant à provoquer l'appréciation de l'autorité chargée d'appliquer la norme. De ce point de vue, il serait possible de distinguer l'indétermination du standard de son imprécision[3] en ce que cette dernière est

---

[1] P. Weil, « Le critère du contrat administratif en crise », Mélanges en l'honneur de Waline, T.2, p. 847.

[2] J. Chevallier, *L'État postmoderne*, LGDJ, 2004, p. 123.

[3] G. Loiseau, *op. cit.*, p. 6.

volontaire[1]. Plus précisément, il est envisageable de considérer que le standard opère, au moins en termes de degré, un transfert volontaire « du pouvoir créateur de droit, de l'autorité qui l'édicte à l'autorité qui l'applique »[2] ou encore que le standard contribue à réserver le pouvoir de l'autorité qui assume ces deux missions. Le standard provoquerait donc « une marge de discrétion pour celui qui l'applique »[3] en réduisant certaines des contraintes interprétatives.

Parmi les typologies de standards évoquées au sein de la thèse du Professeur Stéphane Rials, il convient de retenir les « standards textuels »[4] et plus particulièrement les « standards législatifs »[5] consistant en une technique de réserve, que le Doyen Carbonnier décrit comme une forme « d'auto-scepticisme » du législateur qui « doute de lui-même », « de son œuvre », « de sa réforme »[6]. Le standard traduirait ce doute et serait « plutôt utilisé par le juge »[7] à qui il revient d'interpréter la norme. En conséquence, le standard serait un « mode jurisprudentiel de formulation de la règle de droit »[8] ou un « instrument du pouvoir normatif du juge »[9] qui participe à la mise en place d'un récit prétorien.

---

[1] E. Bernard, La spécificité du standard juridique en droit communautaire, Bruylant, 2010, pp. 59-60.
[2] S. Rials, *op. cit.*, p. 22.
[3] G. Loiseau, *op. cit.*, p. 3.
[4] S. Rials, *op. cit*, p. 24.
[5] S. Rials, *op. cit.*, p. 24.
[6] G. Cornu, *La rénovation du Code civil - L'apport des réformes récentes du Code civil à la théorie du droit civil*, Panthéon Assas, 2017 p. 124.
[7]S.Rials, *op. cit.*, p. 3.
[8]S.Rials, *op. cit.*, p. 3.
[9]S.Rials, *op. cit.*, p. 3.

Bien que l'indétermination soit commune à toutes les normes[1], il semble possible de trouver, dans le droit de la *compliance*, des énoncés proposant peu de contraintes interprétatives, une volonté assumée de son auteur de réserver l'interprétation et un sentiment de flou pour les personnes chargées de l'appliquer[2].

2 – Une technique propice à la régulation et à la *compliance* : L'émergence d'une chaine normative

Il apparaît alors que cette forme de réserve d'interprétation est propice à la régulation économique en ce qu'elle permet de confier l'élaboration du contenu d'un standard, pouvant notamment viser à éviter l'occurrence de défaillances de marché, à une autorité de régulation et ainsi permettre « de régir les faits sans les étouffer »[3]. Il est possible de citer plusieurs exemples, en matière de régulation, descriptibles par cet agencement réglementaire[4].

---

[1] Y. Radi, *La standardisation et le droit international : Contours d'une théorie dialectique de la formation du droit,* Bruylant, 2013, p. 67.

[2] Il est possible de citer un consultant évoquant le sentiment provoqué par n° 2017-399 du 27 mars 2017 relative au devoir de vigilance des sociétés mères et des entreprises donneuses d'ordre : « une loi qui est finalement courte, qui arrive sans décret, qui arrive sans *guidelines*, sans explications, avec le plan de vigilance qui regroupe les cinq aspects qu'on s'attend à voir tous, mais qui ne les explique pas beaucoup », P. Barraud de Lagerie, E. Béthoux, A. Mia, E. Pnalva-Icher, « La mise en œuvre du devoir de vigilance : une managérialisation de la loi ? », *Droit et Société,* 106/2020, p. 701.

[3] A. Al-Sanhoury, « Le Standard Juridique », in *Recueil d'études sur les sources du droit en l'honneur de François Gény, t. II : Les sources générales des systèmes juridiques actuels*, Sirey, 1934, p. 145.

[4] M. Bazex, G. Eckert, R. Lanneau, C. Le Berre, B. du Marais, A. Sée, *Dictionnaire des régulations,* LexisNexis, 2016.

La *compliance* constituerait, de ce point de vue, une « phase avancée de la régulation »[1]. En effet, celle-ci transformerait également les régulés en agent de la régulation. Elle nécessiterait donc d'habiliter ses sujets à participer à l'élaboration des normes. Dès lors, la *compliance* se trouve être particulièrement propice à l'usage de « standards textuels » en ce qu'elle suppose l'internalisation, par les entités régulées, de la mise en œuvre effective des politiques publiques[2]. La technique du standard est, de ce point de vue, le moyen permettant de provoquer l'émergence d'un continuum « régulation, supervision, compliance »[3] en exigeant, des acteurs régulés, l'élaboration de normes comportementales visant la conformité à une norme de référence. Dans cette logique, l'État devient régulateur de l'autorégulation.

Dans sa thèse, Nils Monnerie évoque, notamment pour décrire l'« apparition américaine » de la *compliance*, les *Sentencing Guidelines* qui posent, pour la conception d'un programme de *compliance*, une exigence de caractère raisonnable[4]. Cette exigence de raisonnabilité relève d'une forme de standard textuel que les régulés devront ensuite prendre en compte dans l'élaboration de leurs programmes de prévention des risques juridiques.

En droit interne, il est possible de retrouver plusieurs exemples[5] de cet agencement dont il convient de décrire

---

[1] M.-A. Frison-Roche, « Du droit de la régulation au droit de la compliance », in M. -A. Frison-Roche, *Régulation, supervision, compliance*, Dalloz, 2017, p. 8.

[2] M.-A. Frison-Roche, *op. cit.,* p. 10.

[3] M.-A. Frison-Roche, *op. cit.,* p. 8.

[4] N. Monnerie, *La compliance. De son apparition américaine à son appréhension européenne.* Dalloz, 2024, p. 93.

[5] Art. 11, loi n° 78-17 du 6 janvier 1978 relative à l'informatique, aux fichiers et aux libertés ; Art. L. 561-36-1, code monétaire et financier, Art. 3, Loi n° 2016-1691 du 9 décembre 2016 relative à la

schématiquement, au moins une partie, de la chaine normative. Aussi, un premier chainon est constitué d'une loi de juridicisation de la *compliance*, énonçant, par la technique du standard, des standards de vigilance[1] et marquant l'ambition politique d'inciter les acteurs économiques à la mise en place de programmes de prévention effectifs, adéquats ou raisonnables. Ces éléments sont ensuite précisés par les supports élaborés par un régulateur. Une véritable norme comportementale est enfin définie et internalisée par le régulé, c'est-à-dire l'entreprise qui doit appliquer la mesure de prévention. Ce processus permet d'envisager la mise en place d'un mécanisme de *comply or explain*[2] consistant à pouvoir choisir entre le respect de la norme de référence élaborée par le régulateur ou d'une norme sur mesure justifiée par le « profil de risque »[3] du régulé.

Ces dernières considérations impliquent sans doute de ne pas retenir seulement un critère d'imprécision (voire de l'écarter) pour décrire la loi de juridicisation de la *compliance*. En effet, il semblerait que les normes de compliance consistent en des « normes de résultat indéterminées » ou des « normes flexibles »[4] marquées par

---

transparence, à la lutte contre la corruption et à la modernisation de la vie économique.

[1] E. Bernard, La spécificité du standard juridique en droit communautaire, *Op.cit.*

[2] B. Fasterling, J.-C. Duhamel, « Le *Comply or explain* : la transparence conformiste en droit des sociétés », *RIDE 2009/2*, pp. 129-157.

[3] C. Jacomin, « Compliance intragroupe : PPE, registre des bénéficiaires effectifs (BE) et apporteur d'affaires », *Revue internationale du patrimoine,* 2019/1, pp. 23-30.

[4] J. Combacau, Obligations de résultat et obligations de comportement – Quelques questions et pas de réponse », in *Mélanges offerts à Paul Reuter – Le droit international : unité et diversité* ,A.Pedone, 1981, p. 193.

une volonté du législateur de laisser des interprètes leur donner « un contenu en termes de normalité par référence à des éléments exogènes au droit »[1].

B – L'exemple du plan de prévention de la corruption de l'Article 17 de la loi Sapin II

La loi Sapin 2 confie à l'Agence française anticorruption le rôle d'interpréter ses dispositions et de contrôler la conformité des régulés avec son contenu (1). Les régulés doivent néanmoins compléter les interprétations opérées par l'AFA (2).

1 – Une loi sapin 2 partiellement interprétée par l'AFA

L'article 17 de la loi sapin 2[2] décrit le plan de prévention de la corruption attendu des sociétés dont les effectifs comprennent au moins 500 salariés et dont les chiffres d'affaires sont supérieurs à 100 millions d'euros. Cet article énonce de nombreux outils, utilisés en matière de *compliance*, tels que l'adoption d'un code de conduite, d'un dispositif d'alerte, d'une cartographie des risques, d'un dispositif d'évaluation des risques représentés par les tiers, de contrôles comptables, d'un dispositif de formation, d'un régime disciplinaire et d'un dispositif de contrôle interne.

Pour qualifier ces outils de prévention des risques de corruption, le législateur a usé de notions ayant vocation à être interprétées et donc d'une technique qu'il semble possible de décrire en usant de la définition, proposée par

---

[1] E. Bernard, La spécificité du standard juridique en droit communautaire, *Op.cit.*

[2] Loi n° 2016-1691 du 9 décembre 2016 relative à la transparence, à la lutte contre la corruption et à la modernisation de la vie économique.

Stéphane Rials, du standard. À titre d'exemple, le code de conduite doit définir et illustrer les comportements à proscrire comme « *é*tant susceptibles de caractériser des faits de corruption »[1]. Par ailleurs, le dispositif de formation est destiné aux cadres et personnels « les plus exposés »[2] aux risques de corruption.

Afin de s'assurer de la conformité à ces obligations, le même article 17 énonce que l'Agence française anticorruption contrôle le respect des mesures et procédures susmentionnées. Par ailleurs, l'article 3 de la loi Sapin 2[3] habilite l'AFA à élaborer des recommandations « destinées à aider les personnes morales de droit public et de droit privé à prévenir et à détecter les faits de corruption »[4].

L'AFA en déduit que les recommandations qu'elle qualifie de « référentiel anticorruption français »[5] doivent permettre de traduire le contenu des outils et des énoncés de l'article 17. Aussi, cette dernière y décrit les objectifs, le champ d'application, le processus d'élaboration, le contenu et les modalités de mise à jour du code de conduite. Elle précise donc le contenu du standard de comportements « étant susceptibles de caractériser des faits de corruption » qu'elle assimile aux « cadeaux et invitations, paiements de facilitations, conflits d'intérêts, mécénat, sponsoring, lobbying et frais de

---

[1] Art. 17, *Op. cit.*

[2] Art. 17, *Op. cit.*

[3] Art. 3, *Op. cit.*

[4] Art. 3, *Op. cit.*

[5] AFA, *Recommandations destinées à aider les personnes morales de droit public et de droit privé à prévenir et à détecter les faits de corruption, de trafic d'influence, de concussion, de prise illégale d'intérêts, de détournement de fonds publics et de favoritisme,* 2021, p. 3.

représentation »[1]. Elle fait de même avec les cadres et personnels « les plus exposés » qu'elle assimile notamment aux personnes en relation avec les tiers à risques tels que les commerciaux et acheteurs ainsi que les personnes qui participent à la mise en œuvre du dispositif de corruption.

2 – La formation d'une chaine normative en matière de prévention de la corruption

Les recommandations de l'AFA ne sont pas juridiquement obligatoires. La quasi-jurisprudence de sa commission des sanctions est venue clarifier la valeur du document en distinguant, par une délibération du 4 juillet 2019, deux hypothèses. La première, « où la personne mise en cause a suivi à cet égard, en tout point, la méthode préconisée par l'Agence » et « doit être regardée comme apportant des éléments suffisants »[2]pour être en conformité avec les exigences législatives. La seconde, « où la personne mise en cause n'a pas suivi cette méthode, ou ne l'a suivie qu'en partie, comme elle a en a le droit » pour laquelle « il lui incombe de démontrer la pertinence, la qualité et l'effectivité du dispositif de détection et de prévention de la corruption en justifiant de la validité de la méthode qu'elle a librement choisie et suivie. »[3].

Cette délibération définit une présomption de conformité, déduite des recommandations de l'AFA, souvent désignée par le mécanisme de *comply or explain*[4], consistant à se conformer ou se justifier. Cette

---

[1] AFA, *op. cit., p. 8.*
[2] AFA, Com. de sanctions AFA, Décision n° 19-01, *Société S SAS et Mme C,* 4 juillet 2019, p. 11.
[3] AFA, *Ibid.*
[4] B. Fasterling, *Ibid.*

construction pousserait à l'intériorisation de la règle par le régulé en usant de la charge de la preuve comme d'un levier incitatif. Si l'AFA démontre que le régulé n'a pas suivi sa méthode, alors il incombe à ce dernier de justifier de sa conformité avec l'obligation légale de prévention. Il pourra, théoriquement, expliquer qu'il n'avait pas à se doter de règles relatives aux thématiques préconisées par le régulateur telles que le mécénat, le *sponsoring* ou le *lobbying* dans la mesure où son modèle économique, autrement dit son « profil de risque »[1] ne le justifie pas.

Cependant, la valeur non contraignante (ou partiellement contraignante) des recommandations n'est pas le seul élément qui justifie ce complément voire ce redoublement ou dédoublement normatif. En effet, les recommandations de l'AFA ne présentent pas un caractère suffisamment précis pour combler le besoin normatif des acteurs régulés. À ce titre, il convient de remarquer que l'AFA a elle-même recours, dans sa documentation, à la technique du standard ou du moins à des énoncés qu'elle entend être interprétés par les régulés.

Finalement, les deux chemins dessinés par le *comply or explain,* justifient, pour l'entité régulée, de compléter les recommandations de l'AFA. Cela implique, par exemple, de définir une politique cadeau, qui se traduit souvent par un seuil chiffré d'acceptabilité du cadeau venant préciser le contenu normatif de l'obligation législative de se doter d'un code de conduite[2].

Il semble alors possible d'observer une chaine d'énoncés et de directives qui forme progressivement le

---

[1] AFA, *Recommandations*, p. 4.

[2] À titre d'exemple, la charte cadeaux et avantages du groupe Fnac Darty retient un seuil d'acceptabilité des cadeaux reçus à 100€. https://www.fnacdarty.com/wp-content/uploads/2021/11/charte-cadeaux-avantages-vdef-2021-1.pdf (consulté le 15 septembre 2024).

contenu normatif de l'énoncé initial. Le régulé se trouve d'ailleurs lui-même agent de régulation non seulement en ce qu'il définit les normes qu'il s'applique, mais également en ce qu'il va décider, lorsqu'il est en position de le faire, des normes qu'il exige de ses partenaires commerciaux lors de la contractualisation[1].

***

Les délibérations de la commission des sanctions de l'AFA peuvent faire l'objet d'un recours de pleine juridiction[2]. Cependant, sur les 198 contrôles ouverts entre 2017 et fin 2022[3], 2 ont donné lieu à une saisine de la commission des sanctions. Aucune sanction n'a été prononcée et le juge administratif n'a jamais eu à statuer sur un recours concernant les contrôles de l'Agence française anticorruption. Le recul voire la disparition du juge est peut-être la suite logique du recours aux standards. En effet, certains auteurs ont pu considérer l'utilisation de la technique du standard comme un progrès en soulignant que « dans les droits primitifs, on ne trouve pas de standard : on ne trouve que des règles très précises », c'est à partir de ces règles que l'on aurait dégagé des principes en procédant progressivement par déduction[4]. Dans cette logique, une mutation, consistant à user d'instruments plus savants, se produirait « à l'apogée du développement d'un système juridique ». Il conviendrait alors de réguler par la technique du standard

---

[1] P. Lignières, G. Defontaine, « Les chaines de contrats, relais des politiques publiques », *Chemins publics*, Avril 2022.

[2] Art. 17 Loi n° 2016-1691 du 9 décembre 2016 relative à la transparence, à la lutte contre la corruption et à la modernisation de la vie économique.

[3] AFA, *Rapport d'activité 2023*, p. 27.

[4] A. Tunc, « Standards juridiques et unification du droit », *RIDC n°22-2,* 1970, p. 249.

ou autrement dit par une « grande ligne de conduite qui permet une certaine liberté d'action et une adaptation beaucoup plus souple aux circonstances variables de la vie sociale »[1]. Finalement, cela permettrait sans doute, dans une optique libérale, de laisser aux individus le soin de réaliser leurs propres arbitrages puisqu'« en principe, ils sont mieux à même de réaliser leurs calculs ou de déterminer leurs stratégies de production »[2].

La complexité croissante des sociétés de marché, « la technique », induirait l'incapacité des règles à tout prévoir et donc à tout régir. La *compliance* pourrait alors constituer une forme d'aboutissement juridique, ou du moins normatif, dont l'efficacité tiendrait justement au fait que ses destinataires contribuent perpétuellement à sa définition[3]. Pourtant, ce mécanisme ne semble pas réaliser le risque d'une forme de fragmentation de l'ordre juridique qui est évité par une unité nouvelle. La standardisation internationale de la *compliance*, sur laquelle il convient de revenir, semble même fournir un cadre de contraintes très étroit.

---

[1] A. Tunc, *ibid.*

[2] R. Lanneau, *Pour une analyse économique du droit des interventions de l'État dans l'économie,* Société de législation comparée, 2021, p. 66.

[3] A. Mionne, « Puissance et impuissance des normes techniques », in J. Le Goff, S. Onnée, *Puissance de la norme - Défis juridiques et managériaux des systèmes normatifs contemporains,* EMS Edition, 2017, p. 127.

II – Le standard « technique » comme moyen de l'unité normative : la standardisation internationale de la compliance

Après avoir démontré que le standard « technique », ayant fait l'objet d'une standardisation internationale, entretient l'unité des normes de *compliance* (A), il conviendra d'illustrer le propos à partir de l'exemple du plan de prévention de la corruption défini à l'article 17 de la loi n° 2016-1691 du 9 décembre 2016 relative à la transparence, à la lutte contre la corruption et à la modernisation de la vie économique (B).

A – Une unité acéphale permise par des standards « techniques » globalisés

Les craintes relatives à une fragmentation de l'ordre juridique causée par la compliance (1) semblent pouvoir être écartées du fait de la standardisation de la compliance par des standards techniques internationaux intégrés en droit interne (2).

1 – Les craintes relatives à une fragmentation de l'ordre juridique

Certains auteurs soutiennent que la compliance ne permet pas seulement de nuancer l'approche organique qui suppose de rattacher « plutôt »[1] le standard au juge. Il est possible qu'une des fonctions de la technique du standard retenue, décrite par la doctrine, puisse être affectée par les schémas de *compliance*. En effet, dans sa thèse, Stéphane Rials soutient que l'emploi du standard a une fonction

[1] S. Rials, *Op. cit.,* p. 15.

unificatrice. Ce dernier permet au juge de standardiser les décisions retenues. De ce point de vue, la technique standard participe du récit jurisprudentiel conté par les juridictions à des fins pédagogiques dans le but d'obtenir « *l'obéissance des récepteurs de la règle* »[1].

Or, en matière de *compliance*, la technique décrite pourrait opérer une fragmentation tant normative qu'institutionnelle[2]. En effet, comme nous venons de l'expliquer, la réserve d'interprétation associée à la technique du standard et la volonté de recourir à la *compliance* s'accompagnent d'une intériorisation de la régulation, par les régulés, devant aboutir à la formation d'un « droit domestique »[3]. Dans certaines hypothèses cela se limite à un redoublement normatif qui présente déjà le risque d'interprétations ou de paraphrases contradictoires. Lorsqu'il est fait usage d'une incitation ou habilitation, même partielle, à s'autoréguler, le risque est d'obtenir autant de sous-systèmes que de sujets[4]. Or, si la norme est indéterminée, elle perd ses usages fonctionnels : le tracé et la mesure[5].

En outre, il semblerait que l'on évoque ici des normes d'un type particulier et que la *compliance* n'implique pas seulement le recul ou la disparition du juge, mais aussi un certain rapport à la normalité justifiant l'utilisation de la technique du standard. En effet, en matière de *compliance*,

---

[1] S. Rials, *ibid.*

[2] M. Chambon, « Une logique de compliance dans l'action publique », in Auby.J-B, Le futur du droit administratif, Lexis Nexis 2019, p.230.

[3] M. Chambon, *ibid.*

[4] M. Chambon, *op. cit.*, p. 231.

[5] C. Thibierge, « Postface : puissance de la norme et densification normative », in J. Le Goff, S. Onnée, *Puissance de la norme - Défis juridiques et managériaux des systèmes normatifs contemporains,* EMS Edition, 2017, p. 196.

l'interdit peut prendre « une forme managériale »[1]. Dès lors, la fonction de la norme n'est plus, ou plus seulement, celle de distinguer les comportements illicites des comportements licites. La *compliance* fournit aussi l'instrument permettant d'opérer une gestion du risque[2] ou la détermination d'un niveau d'appétence au risque[3]. D'une certaine manière, les normes de *compliance* visent à introduire le risque dans les processus décisionnels en fondant, les différents calculs coût-avantage, qui marquent ces décisions, sur des catégories comportementales. De ce point de vue, il conviendrait peut-être de qualifier cette forme de régulation par les nombres[4] de police managériale.

Certains auteurs y voient une « *dissipation du droit* »[5] dans la mesure où ce dernier aurait pour fonction d'objectiver les situations. En effet du point de vue de la définition fonctionnelle proposée par François Ost, le droit devrait permettre de « compter jusqu'à 3 »[6] et donc de redoubler le lien social sous l'égide du tiers extérieur aux différends[7]. Selon cette approche, serait juridique la situation « qui échappe au moins en partie à

---

[1] S. Manacorda, "La dynamique des programmes de conformité des entreprises : déclin ou transfiguration du droit pénal des affaires ?", in A. Supiot (dir.), *L'entreprise dans un monde sans frontières. Perspectives économiques et juridiques*, coll. "Les sens du droit", Dalloz, 2015, p. 206.

[2] S. Manacorda, *Ibid.*

[3] Défini comme le niveau de risque qu'une entité accepte de prendre en vue de la poursuite de son activité. Voir, M. Kamiya, P. Shi, J. Schmidt, M. Rosenberg, « Risk Management Terms », *The Actuary Magazine, Society of Actuaries*, 2007.

[4] A. Supiot, *La gouvernance par les nombres,* Fayard, 2015.

[5] M. Chambon, *Ibid.*

[6] F. Ost, « À quoi sert le droit ? À compter jusqu'à trois », *L'annuaire du Collège de France*, 118 | 2020, 710-712.

[7] F. Ost, *Ibid.*

l'intéressée »[1]. Or, en matière de *compliance*, le droit dépend en grande partie de l'attitude normative de son destinataire. De ce point de vue, sans même avoir à trancher la question de la juridicité de la *compliance*, il est possible de constater que certaines formes d'autorégulation ne permettent pas de compter jusqu'à 3.

Pourtant, le diagnostic d'une fragmentation du droit induite par la compliance apparaît contre-intuitif. En effet, les pratiques des acteurs régulés et la doctrine[2] suggèrent plutôt une convergence de ces dernières à l'échelle internationale[3].

2 – La standardisation internationale de la *compliance* par des standards « techniques » intégrés en droit interne

La standardisation désigne à la fois un processus « qui vise à la production de la référence »[4] susmentionnée et son résultat. Elle prescrit « des règles pour des activités, processus ou services ou des règles relatives aux caractéristiques, à la conception ou à l'utilisation des biens ou produits »[5]. Dès lors, il convient d'abandonner l'idée d'indétermination pour, au contraire, s'intéresser à des normes très précises dans leurs contenus, n'ayant pas

---

[1] M. Chambon, *Ibid.*

[2] N. Monnerie, *Op. cit.*

[3] Cette question ne sera pas davantage traitée dans cet article. Il convient néanmoins de souligner que la convergence globale des pratiques ne présente pas nécessairement, notamment du fait du phénomène de managérialisation du droit, de contradictions avec la dissipation du tiers extérieur au différend.

[4] R. Bismuth, « Une cartographie de la standardisation internationale privée : Tentative d'identification de l'objet et de ses enjeux », in R. Bismuth, *La standardisation internationale privée – Aspects juridiques*, Larcier, p. 10.

[5] R. Bismuth, *Op. cit.*, p. 15

vocation à laisser une marge d'appréciation significative à leurs destinataires[1] et souvent qualifiées de « techniques ». Pour certains auteurs, les « normes techniques » ont historiquement accompagné « l'industrie, qui assure la fabrication des choses », ces dernières servant à « expliquer, à transmettre et souvent à prescrire la manière de fabriquer un objet »[2]. Aussi, depuis la révolution industrielle, ces normes dites « techniques » permettaient surtout à l'ingénieur de s'adresser « à d'autres ingénieurs ou aux chefs d'ateliers qui dirigent la fabrication des produits et le fonctionnement des machines »[3].

Le champ de cette standardisation « technique » peut néanmoins s'étendre à d'autres hypothèses. Il semble d'ailleurs possible d'observer une évolution, voire une propagation des normes « techniques ». Dans le contexte d'une « société du risque »[4], les normes « techniques » visent également à éviter les accidents en indiquant notamment les différentes prescriptions à respecter pour les producteurs, mais aussi à informer les consommateurs des produits qui respectent ces prescriptions. Par ailleurs, ce sont ajoutées, aux normes relatives à la spécification des produits, des normes relatives aux performances qui « ne déterminent plus les mesures des objets ou leurs conditions de fabrication, mais les qualités qu'on est en droit d'attendre d'eux »[5]. Cela entraîne une « multiplication et diversification des objets normalisés »[6].

---

[1] R. Bismuth, *Op. cit.,* p. 15

[2] B. Frydman, « Prendre les standards et les indicateurs au sérieux », in B. Frydman (dir.), A. Van Waeyenberge (dir.), *Gouverner par les standards et les indicateurs : De Hume au rankings,* Bruylant, 2013, p. 18.

[3] B. Frydman, *Ibid.*

[4] U. Beck, *La société du risqué – Sur la voie d'une autre modernité*, Champ essais, 2008.

[5] B. Frydman, *Op. cit.,* p. 24.

[6] C. Thibierge, *Op. cit.,* p. 201.

Cette histoire de la normalisation dite « technique » semble également marquée par la jonction entre les normes « techniques » et les normes managériales[1], c'est-à-dire des normes qui permettent d'assurer la qualité de l'organisation et de la gestion de l'entité régulée, fournissant alors une assurance aux clients, partenaires et autres parties prenantes[2]. Cette jonction présage du passage « du monde des choses au monde des personnes »[3]. La normalisation technique pouvant alors également, à la faveur de sa procéduralisation, encadrer les comportements humains. Cette opération, souvent désignée par le terme de « nouveau management », suppose de retenir une définition, non plus substantielle, mais procédurale de la qualité[4]. Cette procéduralisation produit des normes définissant des *process* qui garantissent, au moins autant, un processus de production que la qualité d'un produit. D'une certaine manière, les normes, et plus particulièrement les normes « techniques », seraient le moyen permettant l'émergence d'un marché[5] en ce qu'elles standardisent[6] et donc garantissent la qualité des biens échangés[7].

Il convient enfin de souligner que ces normes ne présentent pas nécessairement un caractère obligatoire. L'objectif étant plutôt d'inciter à les adopter en ce qu'elles seraient bonnes « dans la mesure où la déclaration de conformation à ces normes présume de leur respect des

---

[1] C. Thibierge, *Ibid.*

[2] B. Frydman, *Op. cit.,* p. 25

[3] B. Frydman, *Ibid.*

[4] B. Frydman, *Ibid.*

[5] A. Mionne, *Op. cit. p. 123.*

[6] M.-F. Garcia, « La construction sociale d'un marché parfait », *Actes de la recherche en sciences sociales, vol. 65,* pp. 2-13.

[7] H. Tordjman, "How to study a merkets, A coopetitive point of view", Revue d'Économie industrielle, vol. 107, pp. 19-36.

exigences essentielles »[1]. Ce phénomène participe de la managérialisation du droit en ce qu'il permet aux praticiens de retenir une interprétation de la norme et de la conformité « alignée avec les représentations gestionnaires et les intérêts économiques des entreprises »[2] tout en se limitant à la mise en place de « structures symboliques »[3] qui consistent « avant tout à montrer un attachement à la loi en mimant l'ordre juridique »[4].

Les processus de standardisation s'inscriraient dans un cadre « coopératif »[5] et les récits qui les accompagnent participent déjà du succès d'un standard technique[6]. Pourtant, ces derniers peuvent également faire l'objet d'une juridicisation[7], qui contribue à leurs diffusions et consistent, notamment par une loi, à intégrer le standard « technique » en droit interne.

Le phénomène peut être décrit en matière de *compliance*. Les programmes de *compliance* ont une origine extrajuridique et notamment managériale que l'on retrouve dans des normes « techniques » antérieures à leur juridicisation. Gunter Teubner explique d'ailleurs, au sujet

---

[1] Frydman, *Op. cit.*, p. 58.
[2] P. Barraud de Lagerie, E. Béthoux, A. Mia, E. Pnalva-Icher, « La mise en œuvre du devoir de vigilance : une managérialisation de la loi ? », *Droit et Société,* 106/2020, p. 701.
[3] L. B. Edelman, *Op. cit.*
[4] P. Barraud, *Op. cit*, p. 699.
[5] Y. Radi, P.-M. Dupuy, *La Standardisation et le Droit international : Contours, d'une théorie dialectique de la formation du Droit,* Bruylant, 2013.
[6] A. Van Waeyenberge, « Les normes ISO, CEN et celles issues des consortiums privés : bric-à-brac ou système pour l'Union européenne ? », in B. Frydman (dir.), A. Van Waeyenberge (dir.), *Gouverner par les standards et les indicateurs : De Hume au rankings,* Bruylant, 2013, p. 103.
[7] R. Bismuth, « Une cartographie de la standardisation internationale privée : Tentative d'identification de l'objet et de ses enjeux », *Ibid.*

des codes de conduite, que ces derniers relèvent d'une auto-constitutionnalisation des entreprises transnationales reposant sur des ordres sociétaux non étatiques[1]. Stéphano Manacorda évoque, quant à lui, une expansion de la *corporate governance*[2]. Dans sa thèse, Nils Monnerie identifie une « standardisation gouvernementale » de la *compliance* qui « semble principalement découler du référentiel des*Sentencing Guidelines et des Principles of FederalProsecution of Business Organizations »* [3]et forment le tryptique *« procédure-formation-détection »*[4]. Ce « standard gouvernemental »[5] serait complété et nourrit par des « standards non gouvernementaux »[6], que nous qualifions de standards techniques, davantage efficaces et élaborés par une « ingénierie de la compliance »[7] ou autrement dit des « experts »[8]. Il est possible de trouver deux exemples pertinents, de type standard « technique », dans la norme ISO 37301[9] élaborée par l'*International OrganieationStandardization* et le document « Compliance risk management : Applying the COSO

---

[1] G. Teubner, « L'auto-constitutionnalisation des ETN ? Sur les rapports entre les codes de conduite « privés » et « publics » des entreprises, *RIEJ 2015/2 Volume 75*, pp. 1-15.

[2] S. Manacorda, "La dynamique des programmes de conformité des entreprises : déclin ou transfiguration du droit pénal des affaires ?", *in* A. Supiot (dir.), *L'entreprise dans un monde sans frontières. Perspectives économiques et juridiques*, coll. "Les sens du droit", Dalloz, 2015, p. 191-208

[3] N. Monnerie, *Op. cit.,* p. 89.

[4] N. Monnerie, *Op. cit.* p. 93.

[5] N. Monnerie, *Ibid.*

[6] N. Monnerie, *Ibid.*

[7] N. Monnerie, *Ibid.*

[8] D. Bessire, « Normes comptables, normes prudentielles et normes de gouvernance : « la colonisation du monde vécu par les systèmes techniques », *La place de la dimension européenne dans la Comptabilité Contrôle Audit*, 2009.

[9] ISO, *Systèmes de management de la conformité – Exigences et recommandations pour la mise en œuvre, n°ISO 373012021(E),* 2021.

ERM Framework norme »[1] élaboré par le *Comittee of SponsoringOrganization of the Treadway Commission.* De ce point de vue, la technique du standard, précédemment évoquée, fournit la porte d'entrée à des standards « techniques » de *compliance*, ou autrement dit un moyen légistique d'épanouissement.

L'émergence d'une « ingénierie de la compliance » et l'élaboration progressive des « standards gouvernementaux » brouillent donc les frontières entre les standards gouvernementaux et non gouvernementaux tout en permettant une homogénéisation des normes « techniques » de *compliance*.

B – L'exemple du plan de prévention de la corruption de l'Article 17 de la loi Sapin II

Le plan de prévention de la corruption issu de l'article 17 de la loi Sapin 2 relève d'une importation de normes et de méthodes de régulation (1). Les experts en matière de prévention de la corruption sont les interprètes participant à la formation dynamique et globalisée du standard « technique » afférent (2).

1 – La greffe juridique du plan de prévention de la corruption *compliant*

Le plan de prévention de la corruption énoncé à l'article 17 de la loi Sapin 2[2] relève d'une importation de normes et de méthodes de régulation. Avant l'adoption de la loi, il est possible d'évoquer l'existence de dispositifs

[1] COSO, *Compliance risk management :Appying the COSO ERM Framework, 2020.*

[2] Art. 17, Loi n° 2016-1691 du 9 décembre 2016 relative à la transparence, à la lutte contre la corruption et à la modernisation de la vie économique.

comparables, tels que le *ForeignCorrupt Practices Act (FCPA)* ou le *United KingdomBrbibreryAct*, souvent décrits comme des sources d'inspiration pour le législateur français[1]. Luca d'Ambrosio considère que la loi sapin 2 a vu le jour au croisement des mouvements d'internationalisation et d'américanisation du droit[2]. Michel Sapin, reconnaît d'ailleurs que, la sévérité du *Department of Justice* américain, dont l'adjoint lui rétorquait « *You don't do the job, so I do it* », constitue une des motivations du projet de loi relative à la transparence, à la lutte contre la corruption et à la modernisation de la vie économique[3]. C'est également l'approche retenue par Nils Monnerie qui considère que c'est « sous l'influence politique et culturelle des États-Unis – soucieux d'exporter dans le monde »[4] l'approche retenue par le *FCPA* que la loi Sapin 2 a été adoptée. Certains auteurs vont plus loin en qualifiant le procédé de forme de colonisation par l'application extraterritoriale du droit américain dans une « logique impériale »[5].

Aussi, il est sans doute possible de considérer que la juridicisation des outils de la prévention de corruption, opérée par la loi Sapin 2, peut être décrite dans le cadre

---

[1] S. Manacorda, *Op. cit.,* p. 194 ; V. A. Nieto Martín, *Americanización o europeización del Derecho penal económico?*,Revista penal, n° 19, 2007, p. 120-136 ; E. Breen, FCPA. La France face au droit américain de la lutte anti-corruption, Lextenso, 2017.

[2] L. D'Ambrosio, « L'implication des acteurs privés dans la lutte contre la corruption : un bilan en demi-teinte de la loi Sapin 2 », *RSCDPC 2019/1*, pp. 1-24.

[3] M. Philips ExecutiveSearch, « Entretien avec Michel Sapin, Associé au sein du cabinet Franklin et ancien ministre de l'Économie et des Finances », https://www.morganphilips.com/fr-fra/conseils-et-actus/entretien-avec-michel-sapin-associe-au-sein-du-cabinet-franklin-et-ancien-ministre-de-leconomie-et-des-finances, consulté le 09 février 2024.

[4] N. Monnerie, *Op. cit.,* p. 89.

[5] S. Manacorda, *Op. cit.,* p. 194.

d'une « approche par circulation » notamment par la doctrine du *légal transplant*[1]. Si certains auteurs soutiennent que cette approche dénature le droit de la *compliance*[2], il n'en est pas moins possible d'observer une forme d'homogénéisation des normes en matière de prévention de la corruption qui semble résulter d'une concurrence entre les programmes de compliance[3] élaborés par des entités privées et publiques.

2 – La formation dynamique d'un standard « technique » par une expertise globalisée en matière de prévention de la corruption

Dans l'optique de répondre aux « plus hauts niveaux de normes et de standards internationaux », l'AFA a publié, le 11 mai 2023, une étude visant à comparer les « référentiels étrangers promouvant l'intégrité dans la vie des affaires »[4]. L'Agence s'est concentrée sur les modèles américain, britannique et celui du Groupe de la Banque mondiale, en comparant chacune des mesures préconisées en France avec les équivalents qu'il est possible de retrouver dans les différentes normes étudiées à l'étranger. Pour reprendre les exemples déjà cités plus haut, l'AFA souligne que « la plupart des référentiels » recommandent la mise en œuvre d'un code de conduite anticorruption dans l'entreprise et qu'il est en va de même pour ce qui des procédures et des

---

[1] J.-S. Bergé, « Topographie des rapports « pouvoirs privés économiques » et « ordre public économique » autour de la figure générale du standard, *RIDE 2019/1*, pp. 22-33.

[2] M.-A. Frison-Roche, « Le principe de proximité systémique active, corollaire du renouvellement du principe de souveraineté par le droit de la compliance », *in* M.-A. Frison-Roche (dir.), *Les Buts Monumentaux de la Compliance*, Dalloz, 2022, p. 501-520. .

[3] N. Monnerie, *Op. cit.,* p. 107.

[4] AFA, *Présentation des référentiels étrangers promouvant l'intégrité dans la vie des affaires,* mai 2023.

contrôles relatifs aux cadeaux et invitations. Finalement, le « référentiel anticorruption français est composé de mesures qui sont, pour leur très grande majorité, convergentes avec les exigences prévues par les référentiels étrangers »[1].

Il convient de souligner que cette homogénéisation s'inscrit dans le contexte de normes et d'évaluations nationales,[2] mais aussi internationales[3]. À titre d'exemple, le Groupe de travail de l'OCDE sur la corruption émet des rapports concernant les États parties à la Convention sur la lutte contre la corruption, notamment au moyen d'une évaluation par les pairs. Le rapport de phase 4, concernant l'État français, a été publié en 2021[4]. Une partie du rapport se concentre sur le « rôle central de l'AFA dans le développement des mesures de conformité » et les examinateurs « accueillent avec satisfaction » les mesures prises par l'Agence qui participent au « développement d'un modèle de conformité intégrant les meilleures pratiques internationales dans ce domaine »[5].

Là encore, il existe une norme ISO 37001 : 2016 relative aux « systèmes de management anti-corruption »[6]

---

[1] AFA, *Présentation des référentiels étrangers promouvant l'intégrité dans la vie des affaires,* mai 2023, p. 42.

[2] L'AFA publie régulièrement sur son site des études et diagnostics relatifs au déploiement des outils de la compliance au sein des entreprises, des ministères ou du service public local français.

[3] ONU, *Convention des nations unies contre la corruption,* 2005 ; OCDE, *Convention sur la lutte contre la corruption d'agents publics étrangers dans les transactions commerciales internationales*, 1999.

[4] OCDE, *Mise en œuvre de la convention de l'OCDE sur la lutte contre la corruption – Rapport de phase 4 France, 2021.*

[5] OCDE, *Mise en œuvre de la convention de l'OCDE sur la lutte contre la corruption – Rapport de phase 4 France, 2021,* p. 135.

[6] ISO, *Systèmes de management anticorruption - exigences et recommandations de mise en oeuvre, n°ISO 370012016,* 2016.

pour laquelle il est possible d'obtenir une certification, notamment auprès de l'AFNOR.

Des déclinaisons de normes publiques et privées incitent donc à adopter un programme de prévention de la corruption standardisé. Ces différents supports s'insèrent dans la boîte à outils interchangeables et complémentaires de la *compliance*. Des praticiens peuvent ainsi proposer des « outils indispensables d'aide à la rédaction du code de conduite » [1]en visant pêle-mêle, les supports élaborés par l'AFA, le guide du Medef[2], celui de Transparency internationale [3]et la norme ISO 37 0001. Il convient également de souligner que dans le cadre de l'élaboration de ses recommandations et guides pratiques, l'AFA sollicite l'avis des « praticiens » en soumettant sa documentation à la consultation publique afin « d'enrichir » sa documentation « du retour d'expérience » et « des observations » de ces derniers « avant publication »[4]. L'idée étant d'associer les « parties prenantes » à l'élaboration du standard « technique ».

Une « ingénierie » du management anticorruption se dessine alors. Cette dernière ne répond pas des frontières entre le secteur public et privé et il n'apparaît pas non plus pertinent de retenir une approche stato-centrée pour l'étudier. Pourtant, les différents « experts » qui la

---

[1] L. Paget, T. Postif, « Lutte contre la corruption – Comment rédiger un code de conduite conforme aux exigences de la loi Sapin 2 ? », *RICEA n°02*, 21 juin 2018.

[2] Medef, *Guide pratique – Le dispositif anticorruption de la loi Sapin II,* 2017.

[3]Transparency international France, *Dispositif anticorruption de la loi Sapin II – Guide pratique pour la mise en œuvre des mesures anticorruption imposées par la loi aux entreprises,* 2017.

[4] Voir :https://www.agence-francaise-anticorruption.gouv.fr/fr/operations-parrainage-et-mecenat-des-entreprises-projet-guide-ouvert-consultation-publique (consulté le 15 septembre 2024).

compose participent à l'élaboration d'un standard « technique » global qui nourrit des politiques publiques nationales, telles que la « lutte contre la corruption » énoncée par la loi Sapin 2.

***

Cette contribution n'est pas une tentative de démonstration de l'existence d'un droit global, dont l'unité matérielle serait rendue possible par la standardisation internationale. Il semble plutôt que l'utilisation de la technique du standard textuel puisse constituer, en droit interne, le moyen d'épanouissement de standards dits « techniques » identifiables à l'échelle globale. Plus exactement, la réserve, opérée volontairement par le législateur français, permet à un standard « technique », déjà élaboré, d'acquérir une légitimité juridique et de se diffuser, encore davantage, sur le territoire français. La mise en lumière de cette architecture suppose, pour la comprendre, de faire la généalogie de la standardisation internationale des normes de *compliance* étudiées.

Ce changement d'échelle implique de questionner l'hypothèse d'une concurrence des « règles juridiques classiques »[1] par « d'autres types de normes, en particulier les normes techniques et de gestion, qui semblent trouver, spécialement dans le contexte supra- ou transnational, un terrain d'épanouissement favorable au détriment des règles et des institutions juridiques »[2]. Il en va de même avec les instances politiques traditionnelles qui semblent être remplacées, ou du moins concurrencées, par des « experts » sectoriels des différents standards « techniques ».

---

[1] B. Frydman, *Op. cit.*, p. 21.
[2] B. Frydman, *Op. cit.*, p. 21.

Cette substitution est justifiée par les prétentions et présupposés qui accompagnent la technique, selon lesquels « il serait possible de tracer une ligne de démarcation nette entre politique et purement technique »[1]. Pourtant, il est difficile, voire impossible, de s'assurer qu'une décision n'implique pas, au moins « indirectement des évaluations en termes de valeurs, des options interprétatives, bref des choix politiques »[2]. Ce sont donc les procédures, la rhétorique et les interprètes, du processus de normalisation, par essence normatif[3], qu'il convient d'analyser.

En s'épargnant les controverses relatives au pluralisme juridique, il est néanmoins possible de convenir de l'utilité d'un décentrement nous permettant de ne plus envisager l'élaboration des normes juridiques dans un cadre stato-centré. L'analyse de la standardisation internationale permet d'identifier l'existence d'un voile qui couvre des standards « techniques » et de s'intéresser à « un univers parallèle dont on est souvent loin d'en mesurer l'étendue. »[4].

L'existence de greffes juridiques en matière *de compliance* rend plausible l'hypothèse d'une assimilation des standards « techniques » à des étendards, qui constitueraient une autre forme de standards de civilisation[5] et donc de colonisation ou d'impérialisme normatif.

---

[1] I. Boucobza, *Gouvernance administrative européenne,* Dalloz, 2017, p. 112.
[2] I. Boucobza, *Op. cit.*, p. 125.
[3] G. Canguilhem, *Le normal et le pathologique*, 10e ed., Paris, PUF, 2006.
[4] R. Bismuth, *Op. cit.,* p. 10.
[5] G.W. Gong, The Standard of Civilization in International Law, Oxford, OUP, 1984.

Par ailleurs, dans son article dédié à la standardisation internationale, Régis Bismuth décrit également l'hypothèse d'une instrumentalisation de la prétendue objectivité du standard « technique » en évoquant l'exemple du clavier Qwerty, devenu la référence en matière de dactylographie. En s'appuyant sur un récit relatif au caractère optimal de la disposition des touches sur le clavier, la société Remington, qui avait breveté le clavier, a pu évincer la concurrence. Le succès du standard tiendrait en réalité davantage à la stratégie commerciale de cette dernière qui assurait des formations de dactylos, en fidélisant donc les employés des entreprises formés aux machines à écrire vendues par Remington. Le standard Qwerty a ensuite été reconnu par des instances internationales telles que l'*International Organization for Standardization* déjà citée, sans qu'il soit exclu que le modèle Qwerty exerce une influence sur notre propre langage[1]. Cette anecdote illustre le risque accompagnant le processus de standardisation conduisant à l'édiction de normes par des acteurs issus de structures économiques privées et industrielles[2].

Le détour par la technique du standard textuelle nous permet donc de nous attarder sur les récits visant à légitimer les normes « techniques » et sur les intérêts pouvant orienter leurs contenus. Le discours de légitimation du retrait du législateur accompagnant la technique du standard, et l'objectivité affichée par les normes « techniques » pourraient faciliter la dissimulation d'une loi du plus fort en oubliant

---

[1] R. Bismuth, « Une cartographie de la standardisation internationale privée: Tentative d'identification de l'objet et de ses enjeux » in R. Bismuth (dir), *La standardisation internationale privée Aspects juridiques*, Larcier, 2014, pp.9-26.
[2] M. Lanord, *Ibid.*

notamment les réalités matérielles qui en sont le moteur. Pour les normes de *compliance*, le risque serait d'inverser le schéma de légitimation, en accordant une exception démocratique à des réglementations dont le caractère technique ne découle tautologiquement que de cette qualification[1]. L'enjeu, pour l'État, étant de réussir à garder la main sur la régulation par la *compliance* et ses « experts », en évitant de leur conférer une immunité politique[2], pouvant aboutir à une forme d'épistémocratie[3].

---

[1] I. Boucobza, *Gouvernance administrative européenne,* Dalloz, 2017, p. 127.

[2] Y. Benrahou, « Préserver la supervision publique de l'anticorruption », *Note 36 OEP,* Février 2024.

[3] V. Gayon, *Epistémocratie*, Raisons d'agir, 2022.

CONCLUSION

Mehdi Lahouazi

Professeur de droit public

L'un des enseignements majeurs de cet ouvrage est l'omniprésence de la technique des standards dans l'office de l'ensemble des juridictions. À l'échelle nationale, le Conseil constitutionnel mobilise des standards tels que la « précision suffisante » (G. Beguin), la « modicité » des frais d'inscription universitaires (E. Favennec) et les « exigences minimales de la vie en société » (E. Farha). S'il est relevé que le Conseil d'État connaissait déjà le standard de la « *modicité* » à propos des redevances domaniales (E. Favennec), il serait impossible de lister l'ensemble des standards qu'il a pu mobiliser tout le long de son histoire. Citons simplement des exemples parlants avec les « circonstances exceptionnelles »[1], la « *loyauté des relations contractuelles* »[2] ou le « *délai raisonnable* » opposable au recours en excès de pouvoir à l'encontre d'une décision administrative dépourvue des mentions indiquant les voies et délais de recours[3]. Au sein de la juridiction administrative, il est aussi mis en évidence par Aurélien Camus qu'une juridiction spécialisée comme la Cour nationale du droit d'asile mobilise aussi les standards.

À l'échelle supranationale, la Cour de justice de l'Union européenne recourt au standard du « prix

---

[1] CE, 28 juin 1918, *Heyriès*, *Lebon* p. 651, *S.*, 1922, III, p. 49, note M. Hauriou.

[2] CE, Ass., 28 déc. 2009,*Cne de Béziers,* n° 304802, *Lebon,* p. 509

[3] CE, Ass., 13 juill. 2016, *Czabaj*, n° 387763, Lebon, p. 3.

abordable » pour les services d'intérêt général (E. Favennec) ainsi qu'à d'autres standards tels que « l'investisseur privé avisé dans une économie de marché » en droit des aides d'États[1] ou encore celui de la « *balance des probabilités* » applicable aux opérations de concentration[2].

Au-delà du champ organique circonscrit de l'étude, il faut rappeler, avec la force de l'évidence, que le juge judiciaire[3] mobilise cette technique à l'instar de la Cour internationale de justice[4] ou encore de la Cour européenne des droits de l'Homme[5]. Le standard n'est pas l'apanage des justices publiques étatiques ou internationales. À titre d'exemple, les tribunaux d'arbitrage internationaux n'hésitent pas à se fonder sur le standard de la « *bonne foi* » pour sanctionner les États qui se retranchent derrière leur droit national pour échapper à la compétence de l'arbitre après avoir fait croire et espérer à leur cocontractant que ce mode privé de règlement des différends leur était parfaitement ouvert[6]. Le contraire eut été étonnant. La technique du standard participe aisément de l'unité des sources du droit qu'importe l'ordre juridique

---

[1] CJUE, 5 juin 2012, aff. C-124/10 P, *Commission c./ EDF.*

[2] CJUE, 13 juill. 2023, aff. C-376/20, *Commission européenne c./ CK Telecoms UK Investments Ltd.*

[3] J.-L. Berger, *Théorie générale du droit*, 5ème éd., Dalloz, 2012, p. 233 ; S. Rials, *Le juge administratif français et la technique du standard. Essai sur le traitement juridictionnel de l'idée de normalité*, LGDJ, 1980, p. 58.

[4] CIJ, 20 déc. 1974, *Essais nucléaires, Australie c./ France,* Rec. 1974, p. 253, spé. § 46 à propos du standard de la bonne foi.

[5] S. Leturcq, *Standards et droits fondamentaux devant le Conseil constitutionnel français et la Cour européenne des droits de l'Homme*, *LGDJ*, T. 125, 2005.

[6] V. par ex. les sentences CCI n° 4381, *JDI* 1986, p. 1102 et n° 5103, *JDI* 1988, p. 1206 ou encore CIRDI, 16 juill. 2010, *Millicom International c/ République du Sénégal,* sentence sur la compétence, n° ARB/08/20.

ou la matière en question. On ne connaît pas un juge, public ou privé, qui s'autolimiterait dans sa fonction de création de normes juridiques permettant de contrôler la puissance publique ou les comportements sociaux.

Cependant, l'interprétation concurrente de standards similaires par différentes juridictions soulève des interrogations quant à la sécurité juridique. Par exemple, les standards de « modicité » et de « prix abordable », bien que poursuivant un objectif commun d'accessibilité aux services (E. Favennec), risquent de donner lieu à des décisions contradictoires selon le juge saisi. Plus directement, certains standards reconnus par un juge ne le sont pas forcément par un autre. Il en va ainsi de l'utilisation du standard de bonne foi par les tribunaux d'arbitrage afin de valider une convention d'arbitrage conclue par une personne publique qui tente de s'en délier alors que le juge administratif français le rejette expressément.[1]

Ensuite, les différentes contributions mettent en lumière la diversité des objectifs poursuivis par les standards. D'une part, certains standards visent la protection des administrés. Le standard de « précision suffisante » permet de garantir que le législateur assume pleinement sa compétence afin d'éviter tout arbitraire dans l'édiction des normes, assurant ainsi leur qualité et leur prévisibilité (G. Beguin). Les standards de « modicité » et de « tarif abordable » garantissent un accès équitable aux services d'intérêt général (E. Favennec), tandis que d'autres, comme ceux en matière de protection des données personnelles, assurent le respect des droits fondamentaux des individus (N. Lasbleiz).

---

[1] CE, 23 déc. 2015, *Territoire des îles Wallis-et-Futuna,* n° 376018, *AJDA* 2016. 7 ; AJDA 2016. 1182, note A. Gras ; D. 2016. 2025, obs. L. D'Avout et S. Bollée ; D. 2016. 2589, obs. T. Clay.

D'autre part, les standards peuvent être mobilisés pour protéger l'intérêt général, parfois au détriment de certaines libertés individuelles. À titre d'exemple, les « exigences minimales de la vie en société » permettent d'imposer des restrictions aux libertés individuelles au nom de la cohésion sociale (E. Farha). De manière similaire, les standards appliqués en matière de compliance et de lutte contre la corruption contraignent les entreprises à respecter certaines obligations normatives sous peine de sanctions (Y. Benrahou).

Enfin, l'une des évolutions les plus marquantes des dernières décennies est la tendance à la dépossession du juge en matière de création et d'interprétation des standards. Si historiquement le juge a joué un rôle clé dans l'élaboration des standards, cette fonction tend aujourd'hui à être encadrée, voire transférée, à d'autres acteurs. Ainsi, les autorités de régulation participent activement à la définition et à l'interprétation des standards, réduisant ainsi l'espace discrétionnaire du juge. Par exemple, en matière de protection des données personnelles, la CNIL et le Comité européen de la Protection des Données imposent des lignes directrices précises qui limitent la marge d'appréciation judiciaire (N. Lasbleiz). De même, en matière de lutte contre la corruption, l'Agence française Anticorruption produit des recommandations qui s'imposent aux entreprises et aux tribunaux (Y. Benrahou). D'autre part, la standardisation des normes techniques et l'émergence de systèmes d'intelligence artificielle participent également à cette dépossession. Les algorithmes permettent d'évaluer et d'appliquer des standards quantifiables de manière quasi-automatique, rendant ainsi le rôle du juge plus résiduel. Cette évolution pose des questions fondamentales sur la place du juge dans la régulation juridique et le maintien d'un contrôle humain sur l'interprétation des normes (L. Lima de Oliveira).

En définitive, la dépossession du juge en matière de standards traduit une recomposition des rôles entre les différents interprétas de la norme de droit. Si cette évolution pourrait permettre une plus grande prévisibilité et une homogénéisation des décisions, elle interroge néanmoins sur la capacité du juge à jouer son rôle traditionnel d'arbitre et de garant de la justice.

Table des matières

Structures éditoriales du groupe L'Harmattan

L'Harmattan Italie
Via degli Artisti, 15
10124 Torino
harmattan.italia@gmail.com

L'Harmattan Hongrie
Kossuth l. u. 14-16.
1053 Budapest
harmattan@harmattan.hu

L'Harmattan Sénégal
10 VDN SICAP AMITIE 3
BP 45034 Dakar-Fann
direction@senharmattan.com

L'Harmattan Cameroun
Tsinga/Derrière polyclinique FECAFOOT
BP 11486 Yaoundé
Jacques.koukam@harmattan.fr

L'Harmattan Burkina Faso
Villa 281, secteur 23 623, rue 14.32
Ouagadougou
zagbie@outlook.fr

L'Harmattan Guinée
Almamya, rue KA 028 OKB Agency
BP 3470 Conakry
harmattanguinee@yahoo.fr

L'Harmattan RDC
185, avenue Nyangwe
Commune de Lingwala – Kinshasa
matangilamusadila@yahoo.fr

L'Harmattan Congo
219, avenue Nelson Mandela
BP 2874 Brazzaville
deunovmikhael@gmail.com

L'Harmattan Mali
Immeuble Mgr Jean Marie Cissé
Aci Hamadallaye
BP 145 Bamako
syllaka@yahoo.fr

L'Harmattan Togo
Djidjole – Maison Amela
face EPP BATOME
02 BP 20680 Lomé
didieramela11@gmail.com

L'Harmattan Côte d'Ivoire
Résidence Karl – Cité des Arts
Abidjan-Cocody
03 BP 1588 Abidjan
harmattan.ivoire@gmail.com

L'Harmattan Bénin
Rue 604, (Immeuble à l'entrée
de la rue UCAO- Cite de Saint-Jean)
Cotonou
stepcorpus@gmail.com

Nos librairies en France

Librairie internationale
16, rue des Écoles
75005 Paris
librairie.internationale@harmattan.fr
01 40 46 79 11
www.librairieharmattan.com

Librairie des savoirs
21, rue des Écoles
75005 Paris
librairie.sh@harmattan.fr
01 46 34 13 71
www.librairieharmattansh.com

www.ingramcontent.com/pod-product-compliance
Lightning Source LLC
LaVergne TN
LVHW011305061026
849535LV00005B/1402